FOLIO CADET

Traduit de l'anglais
par Bee Formentelli

Maquette : David Alazraki

ISBN : 2-07-057319-2
Titre original : *My First Ballet Stories*
Édition originale publiée par Gullane Children's Books,
une filiale de Pinwheel Limited, Londres, 2004

N° d'édition : 138803
Loi n° 49-956 du 16 juillet 1949 sur les publications destinées à la jeunesse
Dépôt légal : mars 2006
Imprimé en Italie par Éditoriale Lloyd

Adèle Geras

Le Lac des cygnes
et autres belles histoires

illustré par Emma Chichester Clark

GALLIMARD JEUNESSE

La magie du ballet

Les êtres humains aiment se mouvoir au rythme de la musique. Même les plus petits aiment qu'on les berce ou qu'on les fasse sauter doucement sur les genoux en leur chantant des chansons, et nous savons tous combien il est difficile de résister à une musique entraînante au rythme endiablé ; nos pieds impatients ne demandent alors qu'une chose : danser !

Il existe toutes sortes de danses : les danses folkloriques, les danses de salon ou de société, les claquettes, la danse disco, que sais-je encore ? Le ballet classique obéit à un ensemble de règles aussi précises qu'exigeantes dont certaines remontent au XVIIe siècle, à une époque où il jouait encore le simple rôle d'intermède au milieu d'une pièce de théâtre, offrant ainsi aux spectateurs un divertissement entre deux tirades interminables. Son langage, un langage muet, est universel.

Les arguments des ballets sont très souvent empruntés aux contes de fées. Ce sont des histoires d'amour et de métamorphose, de mort et de fantômes, où l'on rencontre d'étranges créatures dans des paysages de lacs et de sombres forêts. Quand les rideaux s'ouvrent sur un décor de ballet, le spectateur pénètre dans un monde de pure beauté animé par la grâce et le talent des danseurs, un royaume enchanté dont il va faire partie pour quelques heures.

Giselle

Tout ce que l'on raconte à propos du vieil âge est exact. Je me rappelle effectivement avec une extrême précision tous les événements de ma jeunesse, alors que je serais quasiment incapable de vous dire ce que j'ai pris ce matin au petit déjeuner.

Il m'arrive d'oublier avec quelle vitesse les années ont passé. Parfois, quand je m'aperçois dans un miroir, je ne reconnais pas le vieil homme aux cheveux blancs que j'y vois. Ce ne peut être moi, Albrecht. Albrecht, lui, était grand, élancé, très droit ; il avait les yeux d'un bleu limpide et un visage souriant. Et il était aimé, oh oui, en vérité ! J'ai sans doute oublié bien des choses, mais je me souviendrai toute ma vie de l'amour que Giselle me portait. Il n'est pas un jour où je ne pense à elle, et une petite part – bien frivole, il est vrai – de mon âme se réjouit à l'idée qu'elle ne m'a jamais connu dans mon grand âge. À ses yeux, je serai toujours jeune.

Giselle habitait le village de… Le nom m'échappe. Peu importe. C'était plutôt un hameau, un groupe de coquettes petites chaumières agrippées au flanc d'une colline, à la lisière de la forêt.

Je vivais là clandestinement, je l'avoue. J'étais lassé de la vie que je menais au palais, du faste, de la pompe et du protocole et, ce printemps-là, je n'avais qu'un seul désir : vagabonder à travers bois comme un simple paysan et chasser à ma guise.

Je ne cherchais pas à fuir quelque chose ou quelqu'un en particulier, pas même Bathilde. Nos familles avaient arrangé notre mariage. Bathilde, la fille du duc de Courland, passait pour être une véritable beauté. Mes parents s'étaient efforcés de me convaincre que ce serait là une magnifique alliance et j'avais fini par consentir à ce mariage, non sans réticences. En allant me cacher dans ce village, j'espérais simplement jouir pour la dernière fois d'une liberté dont j'allais être désormais privé à double titre : en tant qu'homme marié et en tant que futur duc de Silésie.

S'il n'y avait eu Giselle, je serais sans doute rentré au palais au bout de quelques jours. Mais dès que je la vis, tout ce qui n'était pas elle a disparu à l'horizon de mon esprit ; à compter de ce moment, je n'ai plus accordé la moindre pensée au palais ni à mes devoirs princiers. J'ai trouvé une chaumière à louer et j'ai pris le nom de Loys.

Comment décrire Giselle ? À peine mes yeux s'étaient-ils posés sur elle que je l'ai aimée comme elle m'a aimé. Elle avait le teint très pâle et ses cheveux étaient pareils à des plumes de corbeau. Et il y avait en elle, même lorsqu'elle dansait le plus joyeusement du monde, quelque chose de fragile que j'ai du mal à définir. Là encore, les mots me manquent. Quand nous étions ensemble, j'avais sans cesse cette pensée à l'esprit : « Prends garde, Albrecht, oh, prends garde ! », car je savais comme il était facile de la blesser.

Hilarion, le jeune garde-chasse, était, lui aussi, amoureux d'elle. Il voyait bien que nous nous aimions, et sa jalousie croissait de jour en jour.

Le matin de la fête des vendanges, j'étais sur le point de révéler à Giselle ma véritable identité. Elle n'avait cessé de me tourmenter à ce sujet. Tantôt elle me demandait pourquoi j'étais si différent des autres hommes qu'elle avait connus, tantôt elle m'implorait de lui dire d'où je venais et à quelle famille j'appartenais.

– Peu importe, répondais-je. Tu es ma famille, mon univers. Tu es celle que j'aime.

– Tu m'aimes donc ? Tu m'aimes vraiment ? Voyons ce que dit cette fleur.

Et, cueillant une rose d'arrière-saison, elle s'est mise à en arracher nonchalamment les pétales en murmurant :

– Il m'aime un peu… Beaucoup… Passionnément… À la folie… Pas du tout…

– Comment peux-tu faire confiance à une fleur qui n'a pas la moindre idée de ce

que je ressens ? Pourquoi ne me crois-tu pas, moi ?

Tout à coup, la peur m'a envahi. Et si Giselle, en arrachant le dernier pétale, tombait sur : « Pas du tout » ? Comment réagirait-elle ? J'ai éprouvé un indicible soulagement lorsque je l'ai vue détacher de la tige le dernier pétale.

– À la folie ! a-t-elle lancé.

– Tu vois bien que je t'aime, Giselle, me suis-je écrié. Même cette simple rose sait que je dis la vérité.

Giselle a souri, momentanément apaisée.

– Va avec les autres, Loys, a-t-elle dit, va

les aider à finir de rentrer la récolte. Je vais rester ici pour préparer la fête.

Je suis donc parti, le cœur léger. Je m'imaginais le plus heureux des hommes tandis que je m'éloignais à grands pas avec les autres pour m'engager dans la vallée resplendissante du soleil de septembre – avant-goût du vin pétillant et doré que nous allions bientôt savourer. Imaginez ma joie. Elle était pareille à l'une de ces fragiles bulles irisées où joue la lumière. Une bulle sur le point d'éclater et de s'évanouir à tout jamais.

Plus tard, bien plus tard, durant l'interminable nuit obscure où nous avons veillé le corps de Giselle, sa mère tout en pleurs m'a raconté ce qui s'était passé. Après un demi-siècle, j'entends encore ses paroles. Et je me demande toujours si, d'une façon ou d'une autre, j'aurais pu éviter la terrible fin de Giselle.

– On a d'abord entendu les cors de chasse, puis les aboiements des chiens, a-t-elle commencé. Un instant plus tard, arrivait un groupe de chasseurs autour duquel tout le village s'est rassemblé. Pensez donc ! Nous n'avions jamais vu d'aussi beau monde ! La princesse Bathilde, pareille à une rose pourpre dans sa longue robe, était la plus éblouissante. Chacun se mettait en quatre pour offrir l'hospitalité à ces nobles dames et à ces gentilshommes. Giselle aidait à servir le vin. La princesse a tout de suite été frappée par sa grâce et sa beauté.

La mère de Giselle s'est interrompue pour essuyer ses larmes.

– Bathilde a posé question sur question à ma malheureuse fille, a-t-elle repris. Elle a insisté pour l'emmener au palais afin d'en faire sa suivante mais, quand elle a appris que Giselle était amoureuse et sur le point de se marier, elle a eu un aimable sourire et a déclaré : « Eh bien, je suis perdante, je l'avoue, et tu auras mon propre collier en cadeau de mariage. » Et elle a passé une chaîne d'or fin autour du cou de Giselle qui

est partie en dansant montrer le somptueux cadeau à ses amis. La petite troupe princière est venue se reposer chez moi avant de reprendre le chemin du retour. C'est alors que vous êtes tous rentrés des vignobles, et que la fête a commencé. Giselle a été élue reine des vendanges. Ah, comme elle dansait gaiement ! Vous rappelez-vous ? Oh, oh, il m'est insupportable de penser à ce qui a eu lieu ensuite.

Bien que cette pensée me soit tout aussi insupportable, elle me hante. Je suis condamné à la méditer jusqu'à la fin de mes jours. Je me souviens comme nous avons dansé ! Nous dansions toujours quand Hilarion est sorti de ma chaumière pour se jeter sur moi, ma propre épée à la main. Le vin lui avait donné, semblait-il, un courage tout neuf. Il nous a séparés, Giselle et moi, en plaçant la lame de l'épée entre nous. La haine déformait son visage.

– Vous n'êtes pas Loys, vous êtes le fils du duc de Silésie, j'en ai la preuve. Jamais un humble paysan n'aurait apporté avec lui tant d'objets précieux, a-t-il ajouté en se tournant vers les villageois. Il nous a honteusement trompés. Quant à toi, Giselle, il t'a ensorcelée avec ses fausses promesses.

Alertée par le vacarme, la petite troupe princière est alors apparue sur le seuil de la chaumière de Giselle. Bathilde m'a tout de suite aperçu.

– Albrecht ! s'est-elle écriée en se précipitant à mon côté. Que faites-vous là au milieu de ces simples paysans ? Vois-tu, Giselle, a-t-elle ajouté, je suis fiancée, moi aussi, et j'espère de tout cœur que ton mariage sera aussi heureux que le nôtre.

Chacun des mots de Bathilde s'enfonçait, tel un glaive, dans le cœur de la pauvre enfant.

– Dis-moi qu'elle ment, Loys, a-t-elle supplié tout bas en se tournant vers moi, s'il te plaît, s'il te plaît !

J'avais la bouche remplie de cendres, et le cœur plus froid que la pierre. J'étais incapable de dire quoi que ce soit.

Croyez-vous que l'on puisse mourir d'un chagrin d'amour ? Pour ma part, j'ai toujours cru, du moins jusqu'à la mort de Giselle, que c'était là une idée fantaisiste, inventée de toutes pièces par des poètes malades d'amour.

Elle a tiré de toutes ses forces sur le collier d'or que Bathilde lui avait donné, et il s'est cassé net entre ses doigts, comme si ce n'était qu'un mince cordon de soie. Alors, prenant des mains de Hilarion mon épée ornée de pierreries, elle l'a plongée dans son sein. Comment a-t-il pu la laisser faire ? Mais aurait-il pu l'en empêcher ? Elle devait avoir la force du désespoir. Cependant, je ne crois pas qu'elle soit morte de sa blessure. Je l'ai tuée aussi sûrement que si je l'avais étouffée de mes propres mains. Elle a dansé un instant comme une marionnette aux fils brisés, comme une poupée mécanique sans ressort. Son âme s'est échappée de son corps sous nos yeux. Dans son angoisse et sa détresse extrêmes, elle avait perdu l'esprit. À bout de forces, elle s'est effondrée dans les bras de sa mère.

C'en était fini de la fête. Pendant longtemps, personne n'a osé bouger. Puis Bathilde et sa suite ont quitté le village. Ils ne pouvaient être d'aucune aide. Et personne ne s'intéressait plus à eux. Nous étions tous paralysés par le chagrin, et c'est à peine si nous avons remarqué leur départ. Il ne nous restait plus qu'à pleurer notre reine des vendanges.

– Je devrais vous jeter hors de cette maison, a déclaré la mère de Giselle, mais ma fille vous aimait.

C'est ainsi que j'ai pu veiller le corps de ma bien-aimée toute la nuit, jusqu'au matin des funérailles.

Croyez-vous aux Wilis ? Ce sont les fantômes de jeunes filles mortes d'amour avant leurs noces, des jeunes filles qui n'ont pas supporté de se voir trompées et trahies par leurs amants. Elles ont inspiré maintes légendes que l'on raconte encore dans les campagnes. On dit qu'elles apparaissent à minuit sur les bords marécageux d'un lac caché à tous les regards, conduites par leur reine, l'impitoyable Myrta, qui est très grande et très pâle. Les Wilis dansent jusqu'aux premières lueurs de l'aube. À peine les rayons du soleil les ont-ils effleurées qu'elles se dissolvent pour se métamorphoser en brumes légères qui s'étirent à l'infini, montent en spirales et planent au-dessus de l'eau. Si d'aventure un infortuné jeune homme croise dans l'obscurité l'une de ces jeunes filles, il sera ensorcelé par sa beauté. Elle dansera pour lui au clair de lune entre les arbres sombres et ses bras blancs, si blancs, s'enrouleront comme une écharpe de fumée autour de son cou. Elle appellera alors ses sœurs qui se joindront à la ronde jusqu'au moment où le jeune homme, exténué, rendra son dernier soupir.

Tous m'ont averti :

– Ne te rends surtout pas la nuit sur la tombe de Giselle. On prétend qu'elle est devenue l'une des fantomatiques compagnes de la reine Myrta, et qu'elle te fera danser à en mourir.

J'ai pensé : « Si je pouvais revoir Giselle, ne serait-ce qu'une fois, je paierais volontiers cet instant de ma vie », mais je me suis contenté de dire :

– Il faut absolument que j'aille déposer des fleurs sur sa tombe. N'essayez pas de m'en empêcher.

En réalité, je savais bien que personne ne serait assez courageux pour m'arrêter en chemin. Qui aurait osé affronter les Wilis rôdant autour de la tombe de Giselle ?

Une fois arrivé à l'endroit où elle était enterrée, je me suis jeté au pied de la croix de bois sculptée qui portait son nom. J'étais fou de douleur. J'ai alors aperçu une forme qui se glissait entre les arbres. C'était Hilarion. Se pouvait-il qu'il m'ait devancé ? Cette pensée me poursuivait, tel un papillon obsédant, et des vagues de chagrin me submergeaient. J'ai appuyé mon visage contre la terre froide.

– Mon bien-aimé, a chuchoté une voix à mon oreille.

Je l'ai immédiatement reconnue. C'était celle de Giselle. Un sentiment de bonheur que je croyais perdu à jamais m'a alors envahi. J'ai levé les yeux, et mon sang s'est glacé dans mes veines. C'était Giselle, oui, en vérité, mais en même temps, c'était une autre. Elle était métamorphosée. Ses yeux étaient pareils à de noirs étangs et, dans son visage blanc comme la craie, sa bouche faisait comme une tache de sang.

– Pars, pars, mon amour, a-t-elle murmuré. Si tu restes ici, je ne pourrai rien pour toi ; je serai obligée de t'abandonner à ton funeste sort. Mes sœurs… Nous t'entraînerons dans la ronde infernale, et tu mourras. Vite, vite, viens avec moi, je vais essayer de te cacher.

J'ai obéi. Je m'enfonçais dans l'obscurité des arbres quand nous avons vu Hilarion danser avec les pâles jeunes filles. Entraîné d'un côté, de l'autre, telle une misérable épave poussée par le vent ou emportée par la marée, il faisait peine à regarder. À bout de forces, il a fini par sombrer dans les eaux noires du lac dont la surface miroitait au clair de lune.

– Regarde, a chuchoté Giselle, notre reine approche.

La reine Myrta dominait ses suivantes de sa haute stature. Son visage n'était qu'un masque, et sa robe ondulait autour d'elle comme un nuage.

– Il y a un étranger parmi nous, a-t-elle déclaré. Je le sais à sa seule odeur. Giselle, dis-moi, où donc as-tu caché l'homme qui a causé ta perte ? Amène-le-moi. Je veux qu'il danse avec nous.

Giselle s'est alors tournée vers moi.

– Tiens-toi solidement à la croix de ma tombe, a-t-elle ordonné. C'est la seule et unique chose qui puisse te protéger. Ne la lâche surtout pas. Quoi qu'il arrive, agrippe-toi de toutes tes forces à cette croix. Je vais tenter de plaider ta cause auprès de notre reine. Peut-être te prendra-t-elle en pitié.

Giselle a eu beau supplier la reine Myrta de m'accorder la vie sauve, celle-ci est restée inflexible.

– Il dansera, a-t-elle répliqué, comme tous les autres. Il dansera jusqu'à ce qu'il tombe mort. Va le chercher.

J'ai écouté Giselle, du moins au début. Je me suis accroché à la croix en fermant les yeux. Mais je n'ai pas pu supporter très longtemps de ne pas voir ma bien-aimée, alors qu'elle était tout près de moi.

– Détourne la tête, s'est écriée Giselle. Et tiens bon.

J'en étais incapable. Il fallait absolument que je la tienne une dernière fois entre mes bras. Il fallait que je danse une dernière fois avec elle, même si je devais payer de ma vie cet ultime instant de bonheur.

– Non, non, a-t-elle dit dans un souffle. Comment pourrai-je te protéger maintenant contre mes pâles sœurs ? Elles vont venir…

Giselle ne se trompait pas. Les danseuses à la pâleur de spectre étaient déjà là, me tirant de tous côtés. J'en avais le vertige et la nausée, je titubais.

– Ne tombe pas, mon amour, continuait Giselle, tandis que j'étais emporté dans la ronde infernale. Appuie-toi sur moi, et je te soutiendrai. Ne perds pas courage. L'aube sera bientôt là.

À force de danser, j'avais perdu toute notion de l'endroit où je me trouvais ; j'avais seulement conscience que les Wilis m'entraînaient de plus en plus près de l'eau. En dépit de la frénésie de la danse, j'entrevoyais par instants le lac qui scintillait entre les arbres. À travers le voile de ma fatigue, j'ai alors entendu Giselle souffler à mon oreille des mots d'amour étrangement froids :

– Viens avec moi. L'aube est proche.

Bien qu'à demi mort, je l'ai suivie à l'aveuglette. Nous étions tout près de sa tombe. Je voyais distinctement la croix à laquelle j'aurais dû rester agrippé et, juste à côté, les fleurs que j'avais déposées. Et bientôt, j'ai aperçu le ciel au-dessus des arbres. Le jour se levait.

– Remercions le Seigneur, a dit Giselle, pour cette nouvelle aube. Mes sœurs ne peuvent plus rien contre toi désormais. Regarde.

Les Wilis se dissolvaient dans la lumière. Les contours de leur reine elle-même, ses cheveux, l'ourlet de sa robe, s'estompaient ; un instant plus tard, elle avait disparu au milieu des arbres.

– Ne t'en va pas, ne t'en va pas, reste ! ai-je gémi. Ne me laisse pas seul sur la terre, Giselle. Comment pourrai-je vivre sans toi ? Il ne me restera plus qu'à te pleurer.

– Alors pour pleurer, tu pleureras, a-t-elle soupiré, car je dois retourner dans la tombe.

La terre s'est entrouverte, engloutissant bientôt la forme de ma bien-aimée.

Avant que j'aie pu prononcer un seul mot, elle était partie. Par la force de son amour, elle m'avait sauvé la vie tout en me condamnant à une existence de remords et de chagrin.

Cette existence touche maintenant à sa fin. Puissé-je être enfin réuni à Giselle par-delà la tombe ! Telle est ma prière.

Coppélia

Les festivités sont terminées. Dans l'église est suspendue une nouvelle cloche, splendide, dont la voix d'argent retentit par-dessus les toits, appelant les fidèles à la prière. Franz et moi, nous sommes officiellement fiancés. Le docteur Coppélius a reçu du bourgmestre, avec les excuses de la ville, une somme d'argent qui lui permettra de réparer tout ce qui a besoin de l'être dans sa maison.

Je suis probablement la principale cause du chagrin de ce pauvre docteur, et je le regrette de tout mon cœur. Quand j'y songe, la tromperie dont j'ai été moi-même victime me semble n'être qu'une bien innocente plaisanterie. Toutefois, n'oublions pas ce qu'il a fait au malheureux Franz. Laissez-moi vous raconter ce qui s'est passé, et vous jugerez par vous-même.

Je m'appelle Swanilda. Toute mon existence s'est écoulée dans cette ville, et aussi loin que les citadins se souviennent, la haute maison noire sur la place du marché a toujours appartenu au docteur Coppélius. Même lorsque ma grand-mère était enfant, il n'invitait jamais personne à entrer chez lui ni n'ouvrait jamais les fenêtres pour laisser pénétrer la lumière du jour. Le docteur Coppélius doit être très vieux, mais curieusement, il n'a jamais changé ; il a toujours ressemblé à celui qu'il est maintenant. Peut-être est-il né ainsi : les cheveux gris, tout voûté et maigre à faire peur, un vrai squelette ! Il fabrique des jouets qu'il vend au marché. Il n'est sans doute pas un seul enfant de la ville qui ne se soit amusé avec l'un ou l'autre de ses joujoux : poupée sculptée, diable à ressort ou cheval de bois. On aurait pu penser qu'un pareil magicien était adoré de tous les enfants à des kilomètres à la ronde, mais c'était tout le contraire. Craint par les tout-petits, le docteur Coppélius servait de cible aux railleries des jeunes gens fanfarons nourris dès le berceau de sombres histoires de crime qui, selon leurs bonnes d'enfant, se déroulaient toujours dans les pièces ombreuses de la maison aux volets toujours clos.

Imaginez donc ma surprise quand, voici quelques jours, j'ai aperçu une très belle jeune femme assise sur le balcon du docteur Coppélius. Elle lisait tranquillement un livre au su et au vu de tous.

– Regardez ! ai-je dit à mes amies. C'est la première fois que quelqu'un rend visite au docteur Coppélius. Peut-être est-ce une de ses parentes.

J'ai hélé l'inconnue, plutôt amicalement, mais elle ne m'a même pas jeté un regard.

« Quelle poseuse ! » ai-je pensé et j'ai décidé de laisser lire dans son coin la hautaine demoiselle, puisqu'elle y trouvait manifestement du plaisir. J'ai alors vu Franz déboucher sur la place. Je me suis aussitôt cachée. J'étais sûre et certaine qu'il allait courtiser l'étrangère du balcon, et je ne m'étais pas trompée. C'est exactement ce qu'il a fait, et j'ai assisté à toute la scène.

Je ne suis pas d'un tempérament particulièrement jaloux, mais Franz et moi, nous avions déjà décidé de nous marier. Depuis notre petite enfance, nous ne nous étions jamais quittés, et je l'aimais d'un amour très tendre. Je croyais qu'il m'aimait, lui aussi, mais j'ai commencé à en douter le jour où je l'ai vu et entendu parler à cette jeune personne. Je lui ai dit ce que je pensais, je vous le garantis !

– Mais ce n'étaient rien d'autre que des paroles amicales, a répondu Franz. N'es-tu donc pas le moins du monde curieuse de savoir qui est cette étrange demoiselle ?

Dis-moi, combien de fois as-tu aperçu un visiteur ou une visiteuse dans cette maison ?

– Ce n'est pas la question, ai-je répliqué avec dédain. Sache qu'il y a amitié et amitié. Tout à l'heure, tu n'employais pas les mots que tu aurais utilisés si tu t'étais adressé à une vieille bonne femme édentée. Je te connais trop bien, Franz. Tu la trouves plus jolie que moi, un point c'est tout. Je ne sais pas si je suis prête à épouser un garçon aussi volage que toi.

Le docteur Coppélius est alors apparu sur le balcon. Un instant plus tard, il est rentré avec la jeune femme à l'intérieur de la sombre maison. Franz est retourné vaquer à ses affaires, protestant toujours de son amour éternel pour moi. J'ai décidé de rester un moment sur la place pour attendre la suite des événements. Je n'étais pas seule ; quelques amies me tenaient compagnie. Un instant plus tard, la porte de la maison s'ouvrait, livrant passage au vieux fabricant de jouets qui, peu habitué à l'éclat de la lumière du jour, clignait des yeux. Nous l'avons vu traverser la place d'un pas traînant pour s'engager dans une petite rue pavée.

– Regardez ! ai-je dit à mes amies. Le docteur Coppélius a laissé tomber sa clef par terre. Entrons et allons parler à la jeune femme, qu'elle soit ou non sa « nièce ». Pensez un peu à toutes les histoires qu'on pourra raconter après ! Vous venez avec moi ?

Il circulait à travers la ville des histoires si effrayantes sur le compte du vieil homme et de ses pouvoirs magiques que naturellement, elles ont commencé par refuser, mais j'ai fini par les convaincre de l'absurdité de leurs craintes.

– De quels pouvoirs magiques pourrait-il user, puisqu'il n'est même pas dans la maison ?

Elles ont donc consenti à me suivre, et nous nous sommes glissées sur la pointe des pieds dans l'entrebâillement de la porte noire avant d'emprunter de longs couloirs obscurs où nous avancions en riant sous cape et en nous tenant par la main pour ne pas perdre courage. Il n'y avait aucune trace de la jolie fille. Nous avions beau la héler à grands cris tandis que nous errions à travers la maison et grimpions l'escalier, seul le silence nous répondait, un silence si profond qu'il retentissait dans nos oreilles.

L'atelier du fabricant de jouets se trouvait au dernier étage. D'emblée, l'endroit nous a paru un peu inquiétant, du moins telle est l'impression qu'il nous a faite, même à moi qui avais toujours prétendu n'être pas le moins du monde effrayée. C'était donc la pièce où le docteur Coppélius fabriquait ses poupées et ses automates. Il y avait là des bras et des jambes suspendus à des crochets, et des têtes chauves aux visages blancs comme de la craie, plantées sur des bâtons en attendant d'avoir une perruque. Il y avait aussi, dans un plateau posé sur une table, des boules de verre si bien peintes qu'on aurait dit de vrais yeux et, plus terrifiant encore, il y avait les poupées achevées, assises un peu partout dans l'atelier, qui nous fixaient de leurs grands yeux d'émail.

– Il est vraiment d'une habileté prodigieuse ! s'est exclamée mon amie Maria. Regarde donc ce mandarin chinois là-bas ! Et as-tu vu le chevalier sur sa monture ?

– Ce que je préfère, ai-je répondu, ce sont les deux singes grandeur nature en brocart rose. Ah, et puis cette jolie danseuse espagnole ! Mais où est donc la nièce du docteur Coppélius ?

– Elle n'est pas ici, a répliqué Maria. Nous ferions mieux de partir, tu ne crois pas ? Imagine que le docteur revienne et qu'il nous trouve ici !

– Attends un peu. Laisse-moi d'abord voir ce qu'il y a dans cette armoire.

– Elle est peut-être fermée à clef, a chuchoté Maria.

Elle ne l'était pas.

Je l'ai donc ouverte et qu'est-ce que j'ai trouvé là ? Eh bien, la « nièce », la belle jeune femme que j'avais vue assise sur le balcon ! J'ai éclaté de rire.

– Franz a courtisé une poupée ! me suis-je écriée. Comme il va se sentir idiot, quand je le lui dirai ! Le docteur Coppélius nous a tous mystifiés. Il a fabriqué une poupée si parfaite qu'elle donne l'illusion d'être vivante.

J'ignore qui a réussi à faire fonctionner l'horloge (ou plutôt le mécanisme magique ?). Quoi qu'il en soit, les créatures du docteur Coppélius se sont soudain levées et mises en marche de leur étrange pas mécanique, envahissant la pièce tout entière.

– Comme elles sont adroites ! se sont écriées mes amies.

Mais j'étais bien trop occupée à examiner sous toutes les coutures la poupée que j'avais découverte dans l'armoire pour m'intéresser aux autres jouets.

En vérité, c'était une pure merveille. J'imaginais le docteur Coppélius penché sur son ouvrage dans le calme des longues nuits ; je le voyais ajuster les membres sans vie de la poupée, mélanger soigneusement ses couleurs pour obtenir l'exact ton chair qu'il cherchait – un ton très proche de ma

propre carnation –, fixer chaque boucle de ses cheveux qui ressemblaient étrangement aux miens, donner de légers coups de brosse à ses interminables cils. Il était évident qu'il avait travaillé avec amour à sa création.

– Nous pourrions être sœurs, ai-je murmuré à l'oreille de Coppélia quand soudain j'ai entendu une voix rageuse et comme un furieux battement d'ailes.

Le docteur Coppélius était de retour ! Sa grande cape noire voltigeait de tous côtés, tandis que mes amies galopaient autour de la pièce en poussant des cris perçants. Elles se sont ruées hors de l'atelier pour dévaler à toutes jambes l'escalier, sans même songer à m'attendre. J'étais tout près de l'armoire. Je n'ai pas réfléchi. Je me suis tout bonnement enfermée avec la poupée, l'oreille aux aguets. Tout en remettant un peu d'ordre dans la pièce, le docteur Coppélius tentait d'apaiser ses automates déchaînés et d'arrêter leur mécanisme en folie avec des gestes aussi doux que n'importe quel père aimant. Je restais cachée en attendant une occasion favorable pour sortir. « Et si je jouais un bon tour à ce brave docteur ? ai-je alors pensé. J'ai une idée ! »

Vite, vite, j'ai déshabillé la poupée et troqué mes habits contre les siens. Puis j'ai caché au fond de l'armoire son corps blanc inerte avant de m'asseoir sur sa chaise et de faire semblant de lire son livre. Je savais que le docteur ne tarderait pas à aller s'assurer que sa créature bien-aimée, précieuse entre toutes, n'avait subi aucun dommage.

– Te voilà donc, ma chérie, a-t-il bientôt chantonné à mi-voix. Saine et sauve. Intacte. Je crois que si l'une de ces stupides filles t'avait fait le moindre mal, je ne l'aurais pas supporté.

On a alors entendu frapper au carreau. Le docteur Coppélius s'est retourné pour voir qui c'était, mais j'avais déjà repéré Franz. Il avait dû grimper sur une échelle dans l'espoir d'apercevoir encore une fois la charmante étrangère. Une surprise l'attendait là-haut, et quelle surprise ! Le docteur Coppélius en personne qui s'était approché de la fenêtre après avoir pris soin de refermer à demi la porte de l'armoire.

– Soyez le bienvenu, cher monsieur, a-t-il dit. Je suppose que vous êtes venu me rendre visite, bien que vous ayez choisi un moyen pour le moins insolite d'entrer chez moi. Il aurait été tellement plus simple de frapper à la porte.

– Croyez-moi, je suis désolé, docteur Coppélius, a répondu Franz en enjambant le rebord de la fenêtre.

Il avait l'air mal à l'aise.

– C'est que..., a-t-il poursuivi. La jeune femme... Eh bien, je voulais la revoir et l'assurer de mon amitié.

– Certainement, jeune homme, certainement, fit le docteur Coppélius. Oui, oui, vous la verrez mais, pour commencer, vous prendrez bien un petit verre de vin avec moi ?

J'ai eu tort. J'aurais dû me montrer immédiatement. Nous aurions dû, Franz et moi, nous enfuir tous les deux de cette maudite maison pour regagner la place en toute sécurité. Mais la jalousie me torturait. Franz était donc, semblait-il, assez fasciné par la jeune femme pour courir le risque d'entrer par effraction dans une maison. « Je me moque bien de ce qui peut lui arriver », ai-je pensé. Je me trompais. Quelques minutes plus tard, le docteur allongeait mon pauvre Franz inanimé sur une table, et je ne m'en moquais pas du tout. Il était évident qu'il avait mêlé un narcotique à son vin.

Il est venu me trouver sans attendre.

– Et voilà, Coppélia, ma très chère. Le narcotique a fait son effet. À présent, je vais faire appel à ma magie la plus puissante pour t'insuffler l'âme de ce jeune homme et te donner la vie.

Bien entendu, je n'ai jamais vraiment cru à aucune de ces bêtises : maléfices, charmes, fumée, etc. ; quant à cette manière qu'avait le docteur Coppélius d'agiter en l'air ses longs doigts maigres en chantonnant tout bas, elle m'a toujours fait sourire. Il n'empêche que les poupées de son atelier étaient toutes capables de se mouvoir, qu'elles se mouvaient vraiment, mais par quel étrange mystère ? Avaient-elles été ensorcelées, elles aussi ? Était-ce possible ? J'ai immédiatement su ce que je devais faire : il fallait que je détourne de Franz l'attention du docteur Coppélius. Comment ? Là encore, j'avais une idée précise. J'allais m'animer, petit à petit, très progressivement, et le docteur serait tellement bouleversé en voyant la merveille qu'il avait créée, tellement ébloui par sa propre intelligence qu'il en oublierait le pauvre Franz.

Mon stratagème a marché au-delà de mes espérances. D'abord raide et saccadée dans mes mouvements, j'ai acquis très vite des gestes naturels, de plus en plus naturels, et bientôt, j'étais capable de me mouvoir avec aisance dans la pièce.

– Oh, ma bien-aimée Coppélia, s'est écrié le docteur. Tu es encore plus merveilleuse que tout ce que j'ai jamais pu imaginer ! Si tu savais combien je t'aime ! Danse pour moi, ma beauté, danse !

J'ai donc dansé. D'abord une danse espagnole, puis une danse écossaise. Le docteur Coppélius était aux anges.

Chaque fois qu'il ne regardait pas, je me précipitais vers Franz, le secouais et lui

parlais à l'oreille. Au bout de ce qui m'a semblé être une éternité, il a commencé à remuer. J'ai profité de l'occasion pour prendre la parole :

– Docteur Coppélius, je dois vous dire la vérité. Je ne m'appelle pas Coppélia mais Swanilda. Votre poupée est toujours couchée au fond de l'armoire. Je vous ai joué un mauvais tour, et je vous en demande pardon, mais ce jeune homme est mon fiancé. Quand j'ai vu que vous lui aviez donné un narcotique, j'ai eu très peur ; je me suis demandé ce que vous alliez bien pouvoir lui faire après.

Poussant un long cri d'épouvante, le docteur Coppélius s'est précipité vers l'armoire. J'étais persuadée qu'il allait nous invectiver, nous menacer d'une manière ou d'une autre ou nous chasser de la maison, mais il était tout entier à sa Coppélia, n'avait d'yeux que pour elle. Il a pris dans ses bras le corps blanc et sans ressort de la poupée avant de s'effondrer par terre, en larmes.

– Viens, a dit Franz. Il ne fait pas attention à nous. Profitons-en.

Je suis donc partie avec Franz, mais sans pouvoir oublier le triste spectacle que nous laissions derrière nous : ce malheureux docteur Coppélius, si gris, si maigre, et qui serrait contre lui, dans la pénombre de l'atelier un paquet sans vie de chiffons, de kapok et de plâtre colorié. Dans l'escalier, je l'entendais encore gémir :

– Ma chérie, ma petite chérie, je te croyais vraiment devenue vivante. J'ai vraiment pensé que, désormais, tu pourrais danser éternellement pour moi. Comment vivre à présent ? Que vais-je devenir ?

La journée du lendemain, si joyeuse, si ensoleillée, s'est passée tout entière en festins et en réjouissances. Franz et moi, nous avons décidé d'un commun accord de nous fiancer officiellement, et nous avons reçu une jolie dot du bourgmestre. Je ne crois pas que nous ayons été bien méchants mais, quoi qu'il en soit, je me suis juré de ne plus jamais alimenter le moindre commérage au sujet du docteur Coppélius. Il me fait de la peine. Bien sûr, il a été dédommagé de tous les dégâts que nous avons causés à son atelier, mais tout l'argent du monde ne lui permettra pas de se procurer la compagne de ses rêves, une vraie compagne, vivante, et la solitude, avec son froid mortel, est sûrement le plus terrible des chagrins. Je suis la seule personne de toute la ville à connaître vraiment le docteur Coppélius, car j'ai été, l'espace d'un instant, sa Coppélia, et j'ai senti la chaleur et la tendresse de son amour.

Le Lac des cygnes

Écoutez donc cette histoire. Elle s'est passée voilà bien longtemps, au temps où régnaient deux puissances ennemies : la lumière du jour et les ténèbres de la nuit. Le bien et le mal. Le château et la forêt. Au château, le prince Siegfried s'apprêtait à célébrer son anniversaire. Quant à la forêt, elle servait de repaire au magicien-hibou, le comte von Rothbart.

Au plus vert, au plus profond de la forêt, il y avait un lac d'argent qu'on appelait le lac des Cygnes et sur lequel courait une étrange rumeur. Les oiseaux blancs qui glissaient sur ses eaux calmes n'étaient pas de vrais oiseaux, chuchotait-on, mais des jeunes filles capturées par le comte von Rothbart et changées en cygnes aussi longtemps qu'il y avait de la lumière dans le ciel. Car dès le crépuscule, ces cygnes recouvraient leur forme humaine pour toute la durée de la nuit. Le comte leur donnait ainsi la cruelle occasion de songer au bonheur perdu de leur ancienne existence.

Chaque nuit, il empruntait les plumes, les serres et les grands yeux ronds couleur d'ambre d'un énorme hibou et s'installait au bord du lac sur la branche d'un arbre pour observer tout à loisir les évolutions des pâles danseuses. Le plus beau des cygnes avait été jadis une princesse. Quand le soleil se couchait et que ses ailes soyeuses et frémissantes se muaient en bras, son nom lui revenait en mémoire.

– Je me souviens, mon nom était Odette, soupirait-elle. Oui, autrefois, j'étais Odette.

Mais laissons pour l'instant la princesse-cygne, et écoutez-moi bien. C'était donc le jour de l'anniversaire du prince Siegfried, et au château chacun se préparait pour les festivités. La reine avait organisé un grand bal auquel étaient invitées toutes les demoiselles à marier du pays.

– L'heure est venue de te choisir une épouse, déclara la reine à son fils. Un jeune prince de royale naissance ne saurait s'adonner éternellement à d'aussi frivoles occupations que la chasse. Il est un temps pour tout.

– Alors, ma très chère mère, pourquoi m'avoir offert cette arbalète comme cadeau d'anniversaire ? répliqua le prince.

– Parce que je savais qu'elle te plairait. En échange, je te demande instamment de ne pas me décevoir et de choisir ton épouse demain soir, au bal.

– Très bien, mère, répondit le prince. Vous savez bien que je ferais n'importe quoi pour vous voir sourire. Jusqu'au bal, en revanche, je me considère comme un homme libre et m'accorde le droit de me livrer encore une fois à mes « frivoles occupations », comme vous dites.

Siegfried jeta un coup d'œil par la fenêtre. « Il est sans doute trop tard pour partir à la chasse ; ce sera pour demain », soupira-t-il, quand il aperçut une formation de cygnes blancs. Elle traversait le ciel en direction de l'impénétrable forêt.

– Venez ! lança Siegfried à ses compagnons. Il est sans doute trop tard, mais tant pis ! Suivons-les. Ils sont si beaux !

Et le groupe de chasseurs partit. Les jeunes gens avaient toujours entendu dire que c'était folie d'errer dans la forêt au crépuscule et ils avaient tous la tête remplie de contes plus effrayants les uns que les autres, mais ils écartèrent bien vite ces sombres pensées. Après tout, ils étaient armés. En outre, jamais un prince royal n'avouerait qu'il a peur. Néanmoins, quand l'ombre commença à s'épaissir et le ciel à s'obscurcir, les compagnons du prince Siegfried l'incitèrent à regagner la sécurité du château.

– Un instant ! dit Siegfried. N'apercevez-vous pas une forme blanche qui remue à travers les branches ? Je vais aller jeter un coup d'œil.

Le prince atteignit la rive du lac juste à temps pour voir les grands oiseaux blancs qu'il avait poursuivis en vain se poser sur le

sol. Il épaulait déjà son arbalète, visant le plus beau des cygnes quand, dans un frémissement de lumière diaphane, les ailes de l'oiseau s'incurvèrent pour se changer en bras et les plumes neigeuses disparurent : la flèche du prince était pointée sur la plus belle jeune fille qu'il eût jamais vue. Les autres oiseaux s'étaient transformés, eux aussi, en jolies jeunes filles, mais Siegfried, laissant tomber son arbalète, se précipita à la rencontre de celle qu'il aimerait, il le savait déjà, pour l'éternité.

– Je vous en prie…, implora-t-il, tandis qu'elle tentait de lui échapper. Je ne vous ferai jamais aucun mal, je vous le promets. Revenez, je vous prie, ne me fuyez pas.

Perché sur son arbre, à deux pas de là, le magicien, sous son apparence de hibou, poussa un long hululement en étendant ses ailes sombres, mais Siegfried n'avait d'yeux et d'oreilles que pour la gracieuse jeune fille qui courait devant lui.

Il la rattrapa d'un bond et la prit dans ses bras. Elle tremblait comme un oiseau capturé par un chasseur, mais les tendres paroles du prince finirent par l'apaiser, et elle consentit à lui dire son nom.

– Je suis la princesse Odette, dit-elle, et je suis condamnée à être un cygne de l'aube jusqu'au crépuscule. Nous sommes toutes tombées sous le pouvoir du comte von Rothbart. Il nous surveille sans cesse, non seulement le jour mais aussi la nuit, quand nous reprenons notre forme humaine pour danser au bord du lac. Sachez qu'en ce moment même, il a les yeux fixés sur nous.

– Où est-il ? s'écria Siegfried. Montrez-le-moi, et je le transpercerai d'une flèche en plein cœur.

– Non, non, surtout pas cela ! s'écria Odette. Vous me tueriez. Mon sort est à jamais lié au sien. Il a entrelacé nos deux existences de façon à ce qu'elles ne forment plus qu'un seul fil. S'il meurt, je meurs, moi aussi. Le sortilège ne sera rompu que le jour où je rencontrerai celui qui me jurera, à moi seule, un amour éternel et qui me sera fidèle chaque jour de sa vie.

– En ce cas, vous êtes libre, dit Siegfried en riant, car je vous aimerai toujours, non seulement ici-bas mais dans l'autre monde. Venez avec moi, Odette, et épousez-moi.

Entendant ces paroles, le magicien-hibou déploya ses larges ailes, qui voilèrent la lune, pour fondre sur Odette et la saisir entre ses puissantes serres.

– Partez ! implora Odette. Vous ne pouvez rien pour moi. L'aube est proche et, bientôt, nous serons à nouveau changées en cygnes.

– Je viendrai vous rechercher, promit le prince. Je trouverai un moyen de rompre le sortilège.

– Mais maintenant, partez ! soupira Odette. Seul votre fidèle amour peut me délivrer de ce terrible maléfice.

Toute la journée du lendemain, jour du bal, s'écoula pour Siegfried dans une rêverie amoureuse où se mêlaient bonheur et chagrin. En effet, il ne pouvait pas dire à sa mère qu'il avait trouvé l'élue de son cœur. Il ne pouvait pas non plus emmener Odette au château, puisque le comte von Rothbart l'épiait nuit et jour de ses yeux ronds couleur d'ambre.

Le bal commença. On fit défiler les plus jolies princesses devant Siegfried, mais c'est à peine si celui-ci leur jeta un regard. Un instant plus tard, on entendit frapper au portail.

– Majesté, dit un messager en s'agenouillant devant la reine, un chevalier accompagné de sa fille s'est présenté au château ; il sollicite la permission d'entrer.

– Fais-les entrer, répondit la reine. Chacun est bienvenu à cette fête.

Le chevalier était tout de noir vêtu. Un je-ne-sais-quoi dans son visage et, surtout, l'étrange lueur jaune qui émanait de ses yeux rappelaient vaguement quelqu'un à Siegfried, mais il n'eut pas le temps de réfléchir à la question : il venait d'apercevoir la fille du chevalier, si belle dans sa robe noire étincelante. C'était Odette, il en était sûr. Comment ne l'aurait-il pas reconnue ? Il était si heureux de revoir sa reine des cygnes qu'il en oublia instantanément tout le reste. Il ne se demanda même pas par quel prodige sa bien-aimée était arrivée au château. Sans même s'en rendre compte, il avait chassé de son esprit toutes les pensées importunes.

La vie n'avait guère mis le prince à rude école, et il n'avait jamais été en butte à la moindre tromperie. C'est pourquoi rien n'éveilla ses soupçons, pas même la présence du chevalier noir aux côtés de la belle jeune femme. Or celle-ci, bien qu'elle eût le visage et la silhouette d'Odette, n'était autre qu'Odile, la fille du comte von Rothbart. Le magicien lui avait donné les apparences d'Odette dans le seul but d'ensorceler le prince Siegfried, amenant ainsi par la ruse le jeune homme à rompre son serment de fidélité et à trahir son véritable amour.

Et cette Odile… oh, si vous l'aviez vue danser, tourner, virevolter sans fin ! Si vous aviez vu son sourire ! Si vous aviez vu les doux éclairs de ses regards ! À chaque tour de danse, à chaque sourire, à chaque regard, elle attachait un peu plus le cœur de Siegfried au sien ; elle arrachait de son esprit, une à une, les dernières images qu'il avait de la véritable Odette, de sa robe blanche, de sa beauté candide et tendre.

Odette-Odile et Siegfried dansaient ensemble à la lumière de milliers de bougies, mais ils n'étaient pas seuls. Le comte von Rothbart ne les quittait pas, resserrant sans cesse autour d'eux sa toile maléfique. Tandis qu'ils tourbillonnaient tous deux, à l'une des hautes fenêtres de la salle de bal, il se fit un léger mouvement… comme un frémissement de blancheur derrière la vitre. Mais personne ne s'en aperçut ; personne n'entendit non plus deux bras battre éperdument contre le verre.

Au bout d'un moment, le comte von Rothbart s'adressa à Siegfried en ces termes :

– Si vous vous engagez à aimer ma fille d'un amour éternel, je vous la donnerai pour épouse.

Le prince regarda le comte et s'interrogea un éclair de seconde (il lui semblait avoir déjà vu des yeux semblables, mais où ? Et pourquoi la grande cape noire du chevalier lui faisait-elle penser à des ailes ?) avant de prononcer résolument les paroles que le comte von Rothbart espérait entendre :

– Oui, je l'aimerai, elle et elle seule, jusqu'à mon dernier souffle. C'est l'épouse que j'ai choisie.

Alors un cri déchirant jaillit de la haute fenêtre. Jetant un coup d'œil, Siegfried aperçut la reine des cygnes qui se pressait désespérément contre la vitre. Il sentit son cœur défaillir.

Quand il se retourna pour regarder le chevalier en noir, il comprit aussitôt qu'il s'agissait du comte von Rothbart. Quant à la jeune fille qui se tenait à son côté… comment avait-il pu croire, ne serait-ce qu'un instant, que c'était sa princesse ? Et surtout, comment allait-il pouvoir sauver Odette, maintenant qu'il avait brisé son serment ? Siegfried quitta précipitamment la salle de bal pour se ruer dehors et s'enfuir dans la nuit. Il fallait absolument qu'il aille trouver Odette au bord du lac, il fallait qu'il lui prouve son amour.

Au château, les invités se hâtaient de quitter le bal. Les bougies, bientôt consumées, vacillèrent une dernière fois avant de s'éteindre, et le comte von Rothbart s'évanouit avec sa fille dans les ténèbres.

Le prince Siegfried trouva sa princesse en pleurs au bord du lac. Elle avait le cœur brisé. Il ne savait que faire pour plaider sa cause et obtenir le pardon de sa bien-aimée.

– J'ai vraiment cru que c'était vous, ne cessait-il de répéter. Oh, quelle infamie ! Maudit soit ce magicien !

– C'en est fini pour moi, déclara Odette. Désormais, le sortilège ne peut plus être rompu. Mais si je meurs, il mourra, lui aussi. Je vous l'ai dit, nos existences, la sienne et la mienne, sont étroitement entrelacées ; elles ne forment qu'un seul fil. Où donc trouverai-je une raison de vivre à présent ?

– Sans vous, dit Siegfried, je ne puis vivre.

– Alors mourons ensemble, répondit Odette.

À ce moment précis, des ailes noires voilèrent la lune, et le magicien-hibou fondit sur eux afin d'entraîner Odette loin de Siegfried.

Ce fut une bataille sauvage. Dieu sait comment, Siegfried finit par se libérer de l'emprise du sorcier, de son bec féroce et de ses serres puissantes. Prenant sa princesse par la main, il courut en direction du lac. Un vent cinglant s'était levé dont les coups de fouet hérissaient l'eau en crêtes ou la creusaient en tourbillons. Les amants s'y précipitèrent et sombrèrent, sombrèrent, de plus en plus profond. Quand ils eurent touché le fond du lac, le paysage redevint étrangement calme et silencieux. Entre-temps, le magicien-hibou avait gagné le cœur vert de la forêt pour y mourir.

Les compagnes de la reine des cygnes, certes délivrées du pouvoir diabolique du comte, pleurèrent amèrement leur reine et le prince Siegfried, désormais réunis dans la mort.

Écoutez donc. Cette histoire s'est passée voilà bien longtemps. Le lac est toujours là, au milieu de la forêt, mais les cygnes sont maintenant de vrais cygnes. L'amour, plus fort que la mort, a mis fin à la malédiction, rompu à jamais le sortilège.

Si par une nuit de pleine lune, vous voyez deux ombres passer, dites-vous, comme certains le prétendent, que ce sont peut-être Odette et son prince dansant au bord des eaux argentées d'un lac. Un lac appelé le Lac des cygnes.

La Belle au bois dormant

Je m'appelle Carabosse. Les gens me donnent toutes sortes de noms. La Fée Perfide, la Méchante Fée, la Fée Noire sont les plus courants, mais Carabosse est mon préféré. Je suis vieille, très vieille. Je suis la plus vieille fée du royaume et, ne serait-ce que pour cette raison, il était impensable que le roi Florian et son épouse négligent de me convier à une soirée qui promettait d'être l'événement le plus éblouissant du calendrier des mondanités : le baptême d'Aurore, leur fille si ardemment désirée. Et pourtant… Leurs Altesses Royales s'étaient soi-disant imaginé (piètre excuse à laquelle il est bien difficile de croire !) que je m'étais retirée dans ma tour. Mais vous vous doutez bien que pour rien au monde, invitée ou pas, je n'aurais manqué cette fameuse soirée.

– Personne ne vous avait vue depuis des éternités, m'a glissé le roi à l'oreille, aussi étions-nous tous persuadés que vous vous étiez retirée dans votre tour, ou que vous

vous étiez fixée définitivement à l'étranger.

– C'est exactement l'inverse, ai-je répondu, jouissant de l'embarras du monarque.

En réalité, dès mon entrée au château, j'étais résolue à m'amuser le plus possible. À peine avais-je franchi le seuil de la porte que, à ma grande joie, j'ai lu sur tous les visages la stupeur et la consternation. Personne ne m'attendait.

Le personnel du château au grand complet était aux cent coups depuis le petit matin, empilant assez de nourriture pour nourrir une armée, cirant les parquets, époussetant les lustres et entrelaçant les colonnes de marbre de guirlandes de roses. J'avais déjà assisté à tous ces préparatifs dans mon miroir magique. À vrai dire, voilà des jours que je les observais à l'insu de tous.

Je me suis d'abord dit que je les laisserais célébrer la fête en paix, mais quand je les ai vus massés autour du berceau à pousser leurs grands « ooh ! » et leurs grands « aah ! » comme de parfaits imbéciles, j'ai décidé de les punir. J'avoue que ce jour-là, j'étais de fort méchante humeur. J'ai donc décidé, en un éclair, que la princesse Aurore mourrait. Voilà qui ne manquerait pas d'effacer leurs sourires, oh oui, en vérité ! Quelle leçon ce serait pour le roi et la reine ! Comment avaient-ils pu oser inviter les sept autres fées et me laisser dehors ?

Le temps que j'atteigne la grande porte du château, après avoir jeté en passant au-dessus du jardin une poignée d'éclairs et une salve de coups de tonnerre, (une manière comme une autre de m'annoncer), les autres fées avaient déjà fait leurs dons à la princesse Aurore. Joie, beauté, intelligence… tels étaient les présents on ne peut plus « originaux » auxquels il fallait s'attendre de la part de créatures aussi conventionnelles. Naturellement, à peine avais-je fait un pas dans la grande salle que cette pluie de cadeaux s'est interrompue tout net.

Le roi Florian a trouvé bon de choisir ce moment pour marmonner ses excuses, mais je n'avais pas la moindre envie de l'écouter. Cela ne m'intéressait pas. Je suis allée droit au berceau.

– J'ai, moi aussi, un don à faire à la princesse Aurore, ai-je lancé. Je lui accorde seize ans de bonheur et de beauté. Après quoi, j'en ai bien peur, elle se piquera le doigt à un fuseau et tombera morte.

Sur ce, je me suis précipitée dans mon carrosse noir.

– Partez, partez ! ai-je lancé aux sphinx de nuit qui tiraient ma voiture. Nul ne veut de nous ici.

Je me sentais vraiment beaucoup mieux après cette saine intervention mais ce sentiment fut de courte durée. En jetant un coup d'œil à mon miroir magique pour voir l'effet produit par ma déclaration, j'ai découvert que la fée Lilas, qui n'avait pas encore fait de don à la princesse, s'ingéniait à défaire en partie ma magie. Juste là, sous mes yeux. Quelle effronterie !

– La princesse Aurore ne mourra pas, était-elle en train de dire ; elle dormira cent ans jusqu'à ce que le baiser d'un prince la réveille.

Ma colère a redoublé. Un sommeil de cent ans ! Quel bénéfice pour moi ? Et ces baisers d'un séduisant prince… Ils avaient beau être absurdes, ils ruinaient littéralement mon excellent plan ! J'écumais de rage. Ce soir-là, je suis allée me coucher en me jurant de déjouer les manœuvres de la fée Lilas, dussé-je y vouer seize ans de ma vie. Comment osait-elle opposer ses irritants petits pouvoirs à la puissance de la méchante fée Carabosse ? J'étais plus déterminée que jamais à abréger les jours de la princesse Aurore. J'y consacrerais toutes mes forces et tant pis si c'était là ma dernière action d'éclat.

Je suis la fée Lilas et, en règle générale, je répugne à dire du mal d'autrui, exception faite pour la fée Carabosse. Elle est si méchante, si perfide, elle a l'âme si laide qu'on ne saurait la juger trop durement.

Toujours est-il que la manière dont la fée Carabosse s'est comportée au baptême de la pauvre princesse Aurore nous a tous révoltés. Par le plus heureux des hasards, je n'avais pas encore fait de don au bébé. J'ai donc pu atténuer un peu la malédiction.

La prédiction s'est accomplie. Seize ans se sont écoulés, et le temps de l'attente est révolu. La princesse Aurore dort dans sa

chambre, en compagnie du roi et de la reine assoupis dans de confortables fauteuils. Pas une âme, pas un être vivant que je n'aie ensorcelé, depuis les valets de pied profondément endormis dans le couloir jusqu'au chat pelotonné près de l'âtre froid. Ils ne se réveilleront pas avant cent ans. Tout est tranquille au château. Seule la poussière commence à s'accumuler à la surface des objets, car les araignées, endormies, elles aussi, ne peuvent tisser leurs toiles. Je compte élever autour du château une inextricable forêt de ronces et d'églantiers pour le soustraire à tous les regards jusqu'à ce que le prince vienne rompre le charme. Il est étrange de penser qu'il y a quelques heures encore, nous avions le sentiment d'être désormais à l'abri du danger.

Aussitôt après la déclaration de Carabosse, le roi Florian avait banni les fuseaux de son royaume. Dès le lendemain, les gens étaient accourus des coins les plus reculés du pays pour jeter leurs fuseaux dans un immense feu de joie allumé sur la place du marché. Ah, si vous aviez vu les flammes bondir, si vous les aviez entendues crépiter ! Quel plaisir c'était de voir réduit en cendres ce qui menaçait la vie de la petite princesse !

Après quoi, les années ont filé, filé à une vitesse inimaginable et, sans même qu'on

s'en aperçoive, le seizième anniversaire de la princesse est arrivé. Une de mes sœurs lui avait octroyé le don de la beauté, et dans sa robe d'anniversaire, elle était aussi jolie qu'un bouton de rose. Toutes les roses des jardins du château avaient fleuri en son honneur, et il y avait dans chaque pièce profusion de guirlandes. Quatre jeunes princes des royaumes voisins étaient venus lui demander sa main. Mais, bien qu'elle se prêtât le plus gracieusement du monde à la danse avec chacun des prétendants, je voyais bien qu'elle n'aimait ni n'aimerait jamais aucun d'entre eux. Ne me demandez pas comment je le savais. Je suis censée, en tant que fée, connaître ces sortes de choses. Je savais donc, quoi qu'en aient pensé le roi et la reine, qu'il fallait toujours compter avec les menaces de Carabosse et que le danger n'était certes pas écarté.

Cependant, enivrée par la lumière du soleil, le parfum des roses et un obscur sentiment de bonheur, j'ai relâché un peu ma surveillance. J'aurais dû être plus attentive, plus vigilante. Je ne me le reprocherai jamais assez.

Une foule s'était rassemblée pour souhaiter un bon anniversaire à la princesse. Tout à coup, j'ai vu une vieille dame s'en détacher pour s'approcher d'Aurore, un très joli bouquet de fleurs à la main. Il aurait été délicat de refuser pareil cadeau. La princesse Aurore l'a pris en remerciant aimablement la vieille femme. Tandis que celle-

ci s'éloignait à pas lents pour se fondre à nouveau dans la foule, quelque chose dans sa démarche traînante m'a fait vaguement penser à Carabosse. J'étais sur le point de parler, mais tous les yeux étaient fixés sur la princesse Aurore. Elle s'était, semblait-il, piquée à une épine. Peut-être les roses du bouquet n'avaient-elles pas été assez soigneusement taillées. Quoi qu'il en soit, elle s'était évanouie sous le choc, et de minuscules gouttes de sang avaient taché sa robe.

À cet instant précis, la vieille femme a rejeté son capuchon en arrière :

– Bande d'imbéciles ! a-t-elle ricané. Pensiez-vous vraiment pouvoir me vaincre ? Nigauds que vous êtes ! Je suis la fée Carabosse. Regardez donc parmi les fleurs : un fuseau y est caché. Voilà pour votre précieuse princesse Aurore ! Grand bien lui fasse !

La fée s'est enveloppée de sa longue cape noire et, avec un grand bruit d'ailes, a disparu dans un nuage de fumée nauséabonde.

J'ai aussitôt pris les choses en main.

– Tout se passe exactement comme je l'avais annoncé. Aussi, portez la princesse dans sa chambre ! Et que tous ceux qui ne vivent pas au château partent sur-le-champ ! Ma magie va bientôt opérer.

Tout le monde a quitté les jardins du château. Nous avons déposé la princesse sur son lit à baldaquin, et tout s'est mis en place le plus naturellement du monde.

Ils dorment tous à présent. Et, pendant que je parle, la forêt d'épines et de ronces grandit, grandit... La princesse Aurore est sauvée. Moi, fée Lilas, je m'engage à veiller sur elle jusqu'à ce que le charme soit rompu, c'est-à-dire durant les cent prochaines années. Cent ans, ce n'est rien pour moi, cela passera en un clin d'œil.

Je viens de vivre la plus étrange journée de chasse que j'aie jamais vécue. J'étais sorti chasser le daim et j'ai trouvé... eh bien, laissez-moi raconter l'histoire...

Je m'appelle Florimond et je suis un prince de sang royal. Mes compagnons et moi, nous avions décidé d'explorer les collines et les vallées au-delà des frontières de notre royaume, et c'est ainsi que nous nous sommes retrouvés dans une forêt inconnue. Il n'y avait pas de vrais arbres dans cette forêt mais seulement des buissons d'églantine et d'épais fourrés de ronces. Mes compagnons de chasse devenaient de plus en plus nerveux au point de me supplier de faire demi-tour, mais j'étais mystérieusement fasciné par ce lieu.

– Partez, ai-je dit. Je vous rejoindrai plus tard. Je brûle de savoir ce qui se cache au cœur de ce labyrinthe de ronces et d'épines.

Ils m'ont laissé seul, et le silence, un silence profond, abyssal, s'est refermé sur moi. Le jour commençait à baisser.

Imaginez ma surprise quand j'ai vu soudain apparaître cinq belles dames. Celle qui semblait être leur maîtresse, une femme

enveloppée dans une cape couleur de lilas, s'est avancée vers moi.

– Ne craignez rien, prince Florimond, a-t-elle dit en plongeant son regard dans le mien.

– Comment connaissez-vous mon nom ? ai-je demandé.

– Je connais bien des choses, a-t-elle répondu. Je sais, par exemple, qui sera votre véritable amour. Cette jeune fille est plus près de vous que vous ne le croyez.

À ces paroles, j'ai souri. Si la belle dame n'ignorait rien des mouvements de mon cœur, comment pouvait-elle ignorer que j'avais déjà élu dans mon cœur Valentine, la plus jolie fille du royaume ?

– Je suis déjà amoureux, ai-je précisé.

– C'est du moins ce que vous imaginez, a murmuré la dame à la cape lilas. Mais avant de vous engager, regardez la princesse Aurore. Quand vous l'aurez vue, alors seulement, vous pourrez me dire que vous en aimez une autre.

J'ai scruté le bois impénétrable et j'ai vu apparaître la plus belle jeune fille que j'aie jamais vue. Elle glissait comme un fantôme entre les branches sombres. Je me suis avancé à sa rencontre. Sans prononcer un seul mot, la jeune inconnue à l'ensorcelante beauté s'est mise à danser avec moi avant de s'évanouir dans l'ombre aussi rapidement qu'elle était apparue.

– C'était là une simple vision, a commenté la dame vêtue de lilas. La vraie princesse est encore plus jolie. Voilà cent ans qu'elle dort dans un château caché au plus profond des bois ; elle attend le prince charmant dont le baiser la réveillera de ce long sommeil enchanté.

– Mais comment puis-je la trouver ? me suis-je écrié. Expliquez-moi comment la trouver.

Bien entendu, la fée Lilas avait raison. Mon cœur ne m'appartenait déjà plus.

– Abattez cette forêt de ronces et d'églantiers, et vous trouverez l'élue de votre cœur.

Et, suivie par ses compagnes, elle a disparu dans les ténèbres. Je suis resté seul. Dégainant mon épée, j'ai commencé à me frayer un chemin à travers les branches emmêlées. Tout ce qui se mettait en travers de ma route, je le tranchais, le taillais, l'abattais au fur et à mesure. Des épines acérées me déchiraient le visage et les mains. Des brindilles effilées s'accrochaient à mes habits. J'ignore combien de temps j'ai passé dans cette forêt, des heures et des heures, m'a-t-il semblé. Après quoi, j'ai enfin aperçu les murs blancs du château qui miroitaient doucement au clair de lune.

J'aurais dû me douter que les forces du mal me guettaient, tapies dans les ténèbres. J'ai été poursuivi par des grands paons de nuit et des chauves-souris. Il y avait même une hideuse vieille femme enveloppée d'une cape noire et armée d'un bâton. Mais j'ai frappé de tous côtés avec mon épée et suis ainsi parvenu à repousser dans l'ombre les forces du mal.

– Allez-vous-en ! ai-je hurlé. Vous êtes de viles créatures et je ne veux pas avoir affaire à vous. Prenez garde. Rien au monde n'est plus puissant que mon amour.

Dès que leurs cris perçants se sont évanouis, j'ai pénétré dans la grande salle du château, retentissante d'échos. Partout où portait mon regard, c'était toujours le même spectacle : des gens profondément endormis sous un épais linceul de poussière. Seule la princesse, étendue sur son lit à baldaquin, avait été protégée de cette poussière par les légers rideaux du lit. Il me semblait qu'elle venait tout juste de fermer les yeux.

Dès que j'ai posé sur elle mon regard, j'ai su avec certitude que je n'en aimerais jamais une autre. Je me suis penché pour l'embrasser. Elle s'est agitée dans son sommeil avant d'ouvrir les yeux. Autour de nous, le château revenait lentement à la vie. Je n'en étais pas conscient. J'avais rompu le charme qui avait ensorcelé la princesse, et voilà que j'étais ensorcelé à mon tour.

– Quand je suis parti à la chasse, ce matin, ai-je dit, comment aurais-je pu imaginer un seul instant que je trouverais sur mon chemin la plus merveilleuse des jeunes filles ?

La princesse Aurore a souri.

Je suis Aurore, l'épouse du prince Florimond, et la fête en l'honneur de notre mariage vient de se terminer. Demain, nous partirons pour son pays, et je verrai mon nouveau royaume. Bien sûr, mes marraines les fées me manqueront beaucoup, en particulier, la jeune fée Lilas. C'est grâce à elle que Carabosse a fini par quitter le pays ; elle ne nous causera plus d'ennuis désormais. La fée Lilas, ma protectrice, m'a soustraite aux multiples dangers qui me menaçaient depuis le jour de ma naissance. Mes parents me manqueront beaucoup, eux aussi, mais j'emporterai avec moi d'heureux souvenirs du bal de mon mariage.

– Qui aimerais-tu inviter? m'avait demandé la fée Lilas.

Je me sentais probablement d'humeur fantasque, car j'avais répondu sans réfléchir :

– Eh bien, le Petit Chaperon rouge et le loup, le Chat botté, chatte blanche, et évidemment l'oiseau bleu du bonheur !

D'un coup de baguette magique, ma chère fée Lilas les avait fait surgir devant moi. Et toute la nuit, ils avaient festoyé et dansé avec les autres invités.

Ce soir, quand je fermerai les yeux, je n'aurai pas peur : ne suis-je pas sûre de me réveiller demain matin au côté de mon bien-aimé ? Les cauchemars de branches emmêlées, coupantes comme des épées, et d'épines acérées comme des pointes d'acier, qui n'ont cessé de m'assaillir pendant cent ans se sont évanouis à jamais. À partir de maintenant, je n'aurai plus que de doux rêves.

Casse-Noisette

Les rêves, chuchota une voix lointaine à l'oreille de Clara, sont choses étranges et merveilleuses, en particulier les rêves que l'on fait la veille de Noël.

La fillette ouvrit les yeux.

Elle regarda la vitrine aux porcelaines de Chine, la cheminée et, dans le coin, l'arbre de Noël… Oui, c'était bien le salon, il n'y avait aucun doute. Mais pourquoi était-elle couchée sur la peluche rugueuse du canapé ? Pourquoi ne se trouvait-elle pas dans son propre lit ? C'est là qu'elle aurait dû se réveiller pour aussitôt chercher des yeux son bas de Noël rempli d'oranges, de noix et de sucres d'orge torsadés tout dorés. Clara tourna la tête et aperçut le présent que le docteur Drosselmeier lui avait offert la veille au soir, lors de la réception : un casse-noisette en bois qui avait la forme d'un petit bonhomme. Elle le ramassa et se mit à le caresser.

– C'est toi que je préfère, Casse-Noisette, déclara-t-elle. Je t'aime plus que mes poupées, plus que n'importe quel joujou. Plus que tous mes cadeaux. Te rappelles-tu que tu étais dans mon rêve, la nuit dernière ? Et te rappelles-tu comment tout a commencé ? Moi, je m'en souviens très bien.

Clara se dressa sur son séant et enroula plus étroitement le plaid autour de ses épaules.

– Eh bien, Casse-Noisette, dit-elle, je vais te raconter toute l'histoire depuis le début de la soirée. Assieds-toi confortablement sur ce coussin et écoute-moi bien.

Le casse-noisettes ne soufflait mot mais il semblait écouter avec grand plaisir. Clara poursuivit donc :

– Chaque année, la veille de Noël, mes parents donnent une grande soirée à la maison. Tout le monde vient à cette soirée : grand-pères et grand-mères, oncles et tantes, cousins, amis, voisins, et même le docteur Drosselmeier. Ce n'est pas un parent ni vraiment un ami, mais il vient toujours à la maison la veille de Noël, les bras chargés de cadeaux plus merveilleux les uns que les autres.

Comme toujours, les préparatifs de la soirée ont été presque aussi excitants que la soirée elle-même. Depuis le petit matin, la maison était remplie d'odeurs exquises qui nous mettaient l'eau à la bouche. Et puis maman a enfin commencé à disposer les plats sur la longue table.

– Voyons, mes enfants, a-t-elle bientôt grondé, si vous continuez à vous occuper ainsi des gâteaux et des bonbons, je crains fort qu'il ne reste rien pour les invités. Allez plutôt chercher votre papa et décorez l'arbre avec lui.

C'est ce que nous avons fait. Et une fois terminé, c'était le plus bel arbre de Noël du monde ! On a noué des rubans rouges aux branches, puis on y a suspendu des pommes de pin dorées, des biscuits au gingembre recouverts d'un glaçage rose et blanc et des pièces de monnaie en chocolat enveloppées de papier brillant. Et pour finir, papa a déniché une étoile d'argent qu'il a plantée au sommet de l'arbre.

Quant au buffet, Casse-Noisette, tu ne peux pas t'imaginer à quel point il était somptueux. Et tout, absolument tout, était délicieux. Il y avait des biscuits à la cannelle, des sablés dorés et des animaux en massepain ; il y avait de minuscules fruits candis, des amandes enrobées de sucre et des amandes salées, et tous les gâteaux possibles et imaginables : gâteaux de Savoie, gâteaux au gingembre, au chocolat ou aux pommes, chacun disposé sur une

délicate assiette à fleurs en porcelaine de Chine au milieu d'un flot de rubans et de feuilles de lierre.

Vers quatre heures de l'après-midi, la neige s'est mise à tomber. De la fenêtre de la nursery, Fritz et moi, nous l'avons longtemps regardée tourbillonner dans le ciel sombre au gré du vent qui la soulevait pour la lancer par-dessus les toits. Mais après ces danses et ces cabrioles, toujours, elle finissait par tomber, tomber jusqu'à ce que toute la terre soit recouverte d'un tapis immaculé.

– On dirait le glaçage d'un des gâteaux du buffet, a commenté Fritz.

Quand les invités sont entrés, une foule de flocons de neige est entrée avec eux. Ils en avaient partout : sur leurs chapeaux et leurs capes, sur leurs gants et leurs bottines, et ils les secouaient en riant.

– Le docteur Drosselmeier est arrivé ! s'écria Fritz, et nous sommes allés tous les deux le saluer dans le vestibule.

– Bonsoir, mes enfants, a dit le docteur de sa voix rocailleuse. Venez donc voir qui j'ai amené à votre soirée.

Derrière lui, dans l'ombre, se tenaient une jolie jeune femme et un jeune homme en costume d'Arlequin.

– Je me suis permis d'inviter le véritable Arlequin et la véritable Colombine.

Posant alors un doigt sur ses lèvres, il a chuchoté :

– Ce sont juste des marionnettes, mes chers amis. De simples poupées grandeur nature et fort convaincantes, il est vrai.

Du moins quand elles font leur petit numéro de danse. Voyons si nous pouvons jouer un tour aux grandes personnes.

Eh bien, Casse-Noisette, figure-toi que ces grandes personnes ont cru le docteur Drosselmeier. Tout le monde l'a cru. Arlequin et Colombine ont dansé pour les invités qui ont tous pensé que c'étaient les vrais. Après la danse, quand le secret n'a plus été un secret pour personne, tous les enfants sont venus s'attrouper autour des deux pantins pour toucher leurs membres raides encore si pleins de vie et de mouvement un instant plus tôt.

Puis le docteur Drosselmeier nous a distribué nos présents. Pour Fritz, il y avait un jeu de soldats dans une boîte en bois, et pour moi… toi, mon cher Casse-Noisette. J'étais enchantée par mon cadeau, un cadeau que tout le monde admirait, oh combien ! Pendant que les grandes personnes étaient occupées avec leurs danses et leurs jeux de société, je ne t'ai pas quitté des yeux. Et quand Fritz et les autres garçons se sont emparés de toi et t'ont obligé à leur casser des noisettes de plus en plus grosses et de plus en plus dures, eh bien, j'ai failli fondre en larmes. Évidemment, ils ont fini par te briser, et alors j'ai pleuré pour de bon. N'importe qui à ma place aurait fait la même chose. Comment ont-ils pu te fourrer dans la bouche une noisette aussi énorme ? Le casse-noisettes le plus solide du monde n'y aurait pas résisté non plus.

– Ne pleure pas, Clara, a dit le docteur Drosselmeier qui avait remarqué mes larmes. Ce casse-noisettes est le roi des casse-noisettes et, vois-tu, il suffira d'un rien, un petit tour par-ci, un petit tour par-là, pour qu'il n'y paraisse plus. Il sera comme neuf, je te le promets.

Les mains blanches et maigres du docteur virevoltaient tant et si bien que je ne pouvais voir ce qu'il faisait, mais quand il s'est retourné, tu étais déjà parfaitement réparé, et il ne restait plus trace de ton accident.

Une fin de soirée, c'est toujours triste, n'est-ce pas, Casse-Noisette ? Toutes les bougies étaient consumées, tous les biscuits au gingembre dévorés, la table débarrassée, et la belle nappe de dentelle blanche pliée et rangée. Fritz a couché ses soldats de plomb dans leur boîte, et moi, je t'ai posé sur les coussins du canapé pour que tu dormes jusqu'au matin. Mais comment trouver le sommeil alors que je te savais seul dans le salon obscur ? Je me suis dit : « Je vais aller m'asseoir en cachette sur le canapé pour tenir un moment compagnie à mon petit Casse-Noisette. »

La pièce était plongée dans les ténèbres. Seule une pâle lueur émanait des braises de la cheminée. Je me suis approchée du canapé sur la pointe des pieds et m'y suis assise en te serrant bien fort dans ma main. Au loin, j'ai entendu l'horloge de la ville sonner les douze coups de minuit. Tout à coup, l'arbre debout dans le coin, tel une ombre, s'est mis à grandir. Avec des bruissements, des craquements, des soupirs de toutes ses branches, il a grandi, grandi, s'élevant haut, très haut, de plus en plus haut, jusqu'à toucher le plafond. Curieusement, à mesure qu'il s'élevait, on aurait dit que les bougies se rallumaient. En un clin d'œil, l'arbre m'a dominée de toute sa hauteur. J'ai sans doute rêvé tout ça, mais la nuit dernière, j'étais persuadée que c'était la magie de Noël qui agissait. D'ailleurs, il s'est produit un autre événement, très étrange à vrai dire, mais dont je ne me suis pas du tout étonnée : toi aussi, tu as grandi d'un seul coup, au point que nous étions de la même taille ! Puis, dans le silence de la nuit, on a entendu des grattements et des couinements qui semblaient venir d'un coin de la pièce, oui, là, juste derrière le sapin de Noël.

– C'est l'armée des rats, as-tu expliqué.

Car tu pouvais parler à présent, et je n'en étais pas davantage étonnée. Ça me semblait absolument normal.

– Ils sont venus se battre avec les soldats de plomb, as-tu ajouté.

Je n'en croyais pas mes yeux. Les rats comme les soldats étaient gigantesques, de la même taille que nous et même encore plus grands. Le tapis turc était métamorphosé en un immense champ de bataille où les fantassins de Fritz faisaient virevolter leurs épées et tiraient leurs canons en marchant sus à l'ennemi.

Et toi, Casse-Noisette, tu as courageusement décidé d'attaquer le roi des rats, une redoutable créature gris fer aux yeux rouges luisants comme des escarboucles.

– Casse-Noisette ! me suis-je écriée,

affolée. Il va te réduire en pièces… Je ne te laisserai pas briser une seconde fois !

C'est alors que j'ai cessé d'être effrayée. La peur avait fait place à la colère. J'ai enlevé mes pantoufles et les ai lancées de toutes mes forces sur le roi des rats. La magie de Noël m'a peut-être aidée, cette fois encore, car les deux pantoufles l'ont atteint en pleine tête. Ahuri de se voir bombarder par une paire de pantoufles, il s'est enfui en poussant de petits cris aigus pour se réfugier dans l'ombre, sous le buffet, suivi de toute son armée. Alors les soldats victorieux ont réintégré triomphalement leur caserne de bois.

– Merci, Clara, as-tu dit. Tu m'as sauvé la vie.

Je me suis retournée pour te regarder et j'ai vu que tu n'étais plus un pantin de bois, mais une vraie personne qui vivait, respirait, un beau prince. Alors tu m'as pris la main et nous sommes allés nous asseoir sur le canapé.

– Tant de gentillesse mérite une récompense, as-tu déclaré. Ferme les yeux et ne les ouvre pas avant que je te le dise.

J'ai fermé les yeux et senti le canapé remuer comme si je m'envolais. Il soufflait une bonne petite brise, mais j'avais beau ne porter que ma chemise de nuit, je n'avais pas froid du tout.

– Ouvre les yeux, Clara, ai-je soudain entendu. Tu es au royaume des Flocons de neige.

Au royaume des Flocons de neige, il n'y avait rien que du bleu, un bleu à la fois limpide et sombre, du bleu au-dessus de nous, au-dessous de nous, autour de nous, partout, partout. Et dans la nuit veloutée, notre canapé flottait sur cet océan de bleu. D'énormes flocons de neige aux formes compliquées traçaient des cercles autour de nous. On aurait dit des papillons blancs qui tantôt flottaient et se laissaient dériver, tantôt tournoyaient et tombaient.

– Sais-tu ce qu'ils dansent, Clara ? Ils dansent la *Valse des Flocons*.

En effet, je les ai regardés plus attentivement, et j'ai bien vu que tu avais raison. Telles de ravissantes ballerines en tutus blancs, ils tourbillonnaient, tourbillonnaient sans fin au son d'une musique céleste qui semblait née du bleu de la nuit.

– Viens, Clara, m'as-tu dit quand le dernier flocon de neige a été emporté au loin. Il est temps de partir pour un pays plus chaud.

– Où ? ai-je demandé. Où allons-nous maintenant ?

– À une grande réception au royaume des Friandises.

– Je n'ai jamais entendu parler d'un pays pareil. Quand y serons-nous ?

– Bientôt. Oui, très bientôt. Il faut nous dépêcher, car la fée Dragée nous attend dans son palais.

Tout le monde a entendu parler de la maison de la sorcière dans l'histoire d'Hansel et Gretel, vous savez, la petite maison faite de sucreries, et je crois que je m'attendais à quelque chose de ce genre. Jamais je n'aurais imaginé un palais à moitié aussi vaste et aussi splendide que celui de la fée Dragée. Tout de sucre rose filé en une véritable dentelle de dômes, de tourelles et de créneaux, il se dressait dans un parc rempli de caramels, de buissons de roses en massepain, de gâteaux aux noix, de raisins et de pistaches disposés en massifs de fleurs ou en jardinières. Des soldats en chocolat recouverts de papier d'argent figuraient les sentinelles.

Franchissant d'un bond les marches du perron, nous avons pénétré à l'intérieur du palais. Les murs de chaque pièce étaient constellés de bonbons brillants comme des joyaux et, dans chaque vase, des brassées de sucettes remplaçaient les bouquets de fleurs.

Alors la fée Dragée a fait son apparition.

– Bienvenue à toi, prince Casse-Noisette, et bienvenue à toi, Clara, au royaume des Friandises. Tout ce qu'il y a de plus délicieux ici est à votre disposition.

Sa robe rose captait la lumière comme si elle avait été toute saupoudrée d'impalpables cristaux de sucre.

– Quand vous aurez mangé et bu à satiété, mes amis, a ajouté la fée, nous ferons de la musique et danserons pour vous.

Les lampes se sont allumées et les fontaines ont commencé à chanter. Te rappelles-tu toutes les danses, Casse-Noisette ? Te rappelles-tu en particulier celle en l'honneur du chocolat et celle en l'honneur du café ? Dans la première, tous les danseurs étaient en costumes espagnols, mais dans la seconde, les ballerines portaient des voiles et des robes des mille et une nuits aux motifs plus somptueux les uns que les autres. Et as-tu remarqué les dragons brodés sur les vestes des danseurs chinois qui figuraient le thé ? Quelle splendeur ! Puis sont venus les danseurs russes avec leurs hautes bottes de cuir et leurs toques de fourrure, les danseurs qui se prétendaient flûtes de roseaux, et surtout, surtout, une énorme vieille dame avec une très large jupe dissimulant des douzaines et des douzaines d'enfants.

– Qui est-ce ? ai-je demandé.

– Elle a bien des noms, a répondu la fée Dragée. On l'appelle tantôt mère Gingembre, tantôt mère Guimauve ou encore la vieille-femme-qui-habitait-dans-un-soulier, mais moi, je préfère l'appeler mère Gigogne.

Mère Gigogne et ses enfants se sont écartés pour laisser place à la *Valse des Fleurs*, et alors – te souviens-tu, Casse-Noisette ? – tu as dansé avec la fée Dragée. J'avais l'impression que ses pieds ne touchaient pas terre. Vous étiez si beaux tous les deux ! Je crois que de toute ma vie, je n'avais encore vu un aussi joli spectacle.

À la fin de chaque soirée, il y a toujours une dernière danse. Mais la dernière valse du royaume des Friandises avait quelque chose de très singulier : on aurait dit un kaléidoscope de couleurs étincelantes emportées dans une ronde sans fin.

La soirée terminée, nous sommes tous les deux retournés dans les jardins du palais pour reprendre place sur notre canapé.

– L'heure de nous quitter est venue, a dit la fée Dragée en se penchant pour m'embrasser. Emporte donc pour le voyage une de ces petites roses en massepain.

Et elle a déposé au creux de ma paume une fleur rose blottie dans un écrin de feuilles d'angélique verte.

– Merci, ai-je répondu. J'ai l'impression d'avoir vécu un rêve.

– Les rêves, a expliqué la fée Dragée, sont choses étranges et merveilleuses, surtout ceux qu'on fait la veille de Noël.

Telles ont été ses dernières paroles, Casse-Noisette. Je me suis alors réveillée. Un plaid m'enveloppait. Maman avait dû entrer au salon et me trouver endormie sur le canapé. C'était un bien joli rêve, n'est-ce pas, Casse-Noisette ?

Clara attendit en vain la réponse du plaisant petit bonhomme. Celui-ci ne souffla mot, se contentant de sourire.

Sous le canapé du salon, à l'endroit exact où elle était tombée, gisait une petite fleur en massepain rose blottie dans un écrin de feuilles d'angélique. Personne ne l'avait remarquée.

L'Oiseau de feu

Il était une fois, il y a très longtemps, loin, très loin, par-delà les montagnes brumeuses, dans un pays de hautes et sombres forêts où les loups hurlent toujours au clair de lune, un sorcier du nom de Kostchei.

Son palais se dressait au milieu d'un jardin enchanté. Dans le verger, il y avait même, si l'on en croit les récits des voyageurs, un pommier magique chargé de fruits d'or. Kostchei était immortel et le resterait aussi longtemps que son âme serait séparée de son corps. C'est pourquoi il la gardait enfermée dans un œuf incrusté de pierres de lune et de rubis, qu'il tenait jalousement caché, sachant bien que personne ne pouvait le tuer tant que son âme était en sécurité.

Il avait sans doute aussi laissé son cœur à l'intérieur de l'œuf car, au dire de tout le monde, c'était le sorcier le plus cruel qui ait jamais existé.

Les malheureux qui franchissaient, par mégarde ou non, la limite de son jardin se retrouvaient changés en pierres, en ridicules petites grenouilles sauteuses ou encore en monstres hideux avec de grands carrés de tissu noir à la place du visage. Il avait si bien ensorcelé quelques-uns de ses ennemis qu'ils lui étaient entièrement soumis. Ils ne se rappelaient plus qui ils avaient été ni d'où ils étaient venus, et ces infortunées créatures erraient comme des poupées mécaniques à travers le palais et le domaine du magicien. Mais c'étaient la princesse Tsarevna et ses douze suivantes qui ravissaient le plus Kostchei. Tous les sorciers en effet ne règnent pas sur de pareilles beautés.

Et à quoi ressemblait-il, ce Kostchei ? Eh bien, à vos pires cauchemars, mes enfants : haut comme une tour, sombre comme la nuit, pâle comme les os des morts. Quant à ses mains… elles avaient de longs ongles d'argent comme des lames de couteau, et sa voix était plus glaciale que les vents soufflant du pôle Nord.

Avez-vous froid, mes enfants ? Rassemblez-vous autour du feu, tout près de moi. Je vais vous raconter comment le méchant Kostchei a fini par être vaincu. Jetez un coup d'œil dans l'âtre et dites-moi ce que vous apercevez. De l'or et de la pourpre, oui, en vérité. Quelque chose qui danse et bondit, étincelle et resplendit, une vivante créature toute de lumière et de chaleur : le feu en personne ! Mais regardez de plus près, et vous verrez les flammes changer sans cesse de forme pendant que vous les observez. Et si vous regardez encore plus attentivement, vous distinguerez au milieu

des braises les plus incandescentes un oiseau aux plumes ardentes. C'est l'Oiseau de feu, le plus bel oiseau du monde.

Mais, me direz-vous, comment un oiseau, fût-il plus éblouissant que le feu, pourrait-il vaincre le perfide Kostchei et ruiner ses plans diaboliques ? Écoutez-moi bien, mes enfants. Je vais vous raconter dans les moindres détails ce qui s'est passé.

Un soir, à l'heure où le soleil se couche à l'ouest derrière les montagnes, le prince Ivan errait dans la forêt, tentant de retrouver son chemin. Soudain, il entrevit un mur par-dessus lequel se balançait une branche de pommier.

« Un grand seigneur habite très certainement ici, se dit le prince Ivan. Il me dira sans aucun doute où je suis et comment je puis retrouver mon chemin. Je vais escalader le mur et appeler à l'aide. »

Aussitôt dit, aussitôt fait. Au moment précis où il escaladait le mur pour pénétrer dans le jardin de Kostchei, il aperçut l'Oiseau de feu qui survolait le verger. Les plumes de sa queue flottaient derrière lui, illuminant de leur éclat les branches obscurcies par le soir. Sans hésiter, le prince Ivan banda son arc et visa, mais il ne put se résoudre à tuer la splendide créature. « Je n'ai pas le droit de détruire tant de beauté, songea-t-il. Rien ne saurait justifier pareil massacre. Et pourtant comme ce serait merveilleux de le capturer ! Je veillerais bien sur lui et je jouirais éternellement de sa beauté. »

Le prince Ivan suivit l'Oiseau de feu en se dissimulant. Silencieux comme un chat, il guetta sa proie jusqu'à ce qu'elle se pose à terre en battant des ailes. Alors seulement il l'attrapa.

– Lâche-moi, prince Ivan ! s'écria le pauvre Oiseau de feu qui se débattait désespérément entre les bras du chasseur. Aie pitié de moi. Je sais que tu ne me veux pas de mal, mais dans une cage, je mourrai. Comment pourrai-je déployer mes ailes ?

Le prince Ivan contempla les ailes de l'Oiseau de feu, son plumage pourpre et or qui chatoyait dans l'ombre comme une brassée de petites flammes et dit :

– Tu as parfaitement raison, bel oiseau. Je vais te libérer, et tu pourras de nouveau illuminer la nuit de ta radieuse beauté.

– Il faut que je parte, prince Ivan, répondit l'Oiseau de feu en remettant de l'ordre dans ses plumes mais, avant toute chose, voici un présent pour toi en remerciement de ta générosité. C'est une de mes plumes. Si un jour, tu as besoin de mon aide, prends cette plume dans ta main et prononce ces mots :

Oiseau de feu, écoute-moi.
Oiseau de feu, aide-moi.
Oiseau de feu, apparais-moi.
Oiseau de feu, approche-toi de moi.

Aussitôt, je serai à tes côtés.

– Merci, fit le prince Ivan.

Et il rangea soigneusement la plume dans la poche de son habit tout en se demandant comment un simple oiseau, si splendide fût-il, pouvait être de quelque secours à un prince royal armé du plus puissant des glaives. Mais c'était un jeune homme bien élevé, qui connaissait les bonnes manières ; il garda donc ses réflexions pour lui.

– Il faut que je trouve le moyen de sortir d'ici, se dit le prince.

Mais à peine avait-il prononcé ces mots qu'il aperçut un cortège de jeunes filles tout habillées de blanc. Dans les ténèbres, entre les troncs des arbres, elles semblaient

presque flotter. En tête du cortège, il y avait une jeune fille encore plus jolie que les autres. Elle entraîna ses compagnes dans une ronde autour d'un arbre que le prince Ivan n'avait pas encore remarqué. Ce pommier était chargé de fruits d'or. L'une des jeunes filles cueillit une pomme et la lança en l'air comme si c'était une balle.

Le prince sortit de l'ombre.

– Je suis le prince Ivan, expliqua-t-il à la plus belle des danseuses. Je me suis égaré dans cette forêt. Avant de vous avoir rencontrée, je me trouvais bien à plaindre, mais maintenant que je vous ai vue, je bénis le destin qui m'a conduit auprès de vous. Je vous aime et je vous aimerai jusqu'à ma mort. Quel est votre nom, je vous prie ?

La demoiselle secoua la tête.

– Partez immédiatement. Gardez-vous bien de m'aimer, car ce serait pour votre malheur et le mien. Je suis la princesse

Tsarevna, et ces douze jeunes filles sont mes compagnes. Nous sommes toutes prisonnières de Kostchei, le sorcier. Vous êtes ici dans son jardin enchanté. Oh, fuyez, prince Ivan, fuyez sans plus tarder, car si Kostchei vous attrape, il vous changera en pierre.

– Parce que vous m'en implorez, princesse Tsarevna, j'accepte de fuir. Mais je reviendrai pour vous arracher aux griffes du sorcier, vous et vos suivantes.

– Ch… chut ! Plus un mot ! s'écria Tsarevna. Partez immédiatement ! N'entendez-vous pas les trompettes ? Il arrive… Oh, hâtez-vous, hâtez-vous !

Le prince Ivan, qui avait enfin fait demi-tour, se mit à courir, mais ce fut pour voir émerger de l'obscurité une haute grille de fer forgé qui lui barrait le chemin.

– Impossible de fuir ! lança-t-il à la princesse. La grille est verrouillée. Je suis perdu. Je vois Kostchei : il approche, il est là.

La haute grille de fer s'ouvrait, livrant passage au sorcier enveloppé dans sa longue cape noire. Il pénétra d'un pas majestueux dans le verger, escorté par son armée de monstres.

Essayez un peu d'imaginer cet affreux spectacle, mes enfants. Mi-hommes, mi-bêtes, couvertes de poils, marchant à quatre pattes ou faisant des bonds de singe, toutes

les malheureuses créatures ensorcelées par Kostchei encerclaient le prince Ivan.

Le sorcier prit la parole. Sa voix évoquait la glace qui se fissure, et les lames d'argent de ses ongles semblaient déchirer l'air.

– Qui ose ainsi troubler la paix de mon jardin ?

– C'est moi, Ivan, répondit le prince. Sachez que je n'ai pas peur de vous, Kostchei.

Une rumeur confuse s'éleva. On eût dit que tous les monstres chuchotaient et soupiraient d'une seule voix. Mais à peine leur maître eut-il ouvert la bouche qu'ils se turent.

– Regardez bien le monde, dit Kostchei, car vous serez bientôt changé en pierre, et d'autres alors vous contempleront. Quelle belle statue Sa Majesté fera !

Tout à coup, le prince Ivan se souvint de la plume que l'Oiseau de feu lui avait donnée. Il la tira de sa poche intérieure et l'agita très haut dans les airs en criant :

Oiseau de feu, écoute-moi.
Oiseau de feu, aide-moi.
Oiseau de feu, apparais-moi.
Oiseau de feu, approche-toi de moi.

Des éclairs zébrèrent le ciel nocturne, et presque aussitôt, l'Oiseau de feu se présenta devant lui. Son plumage ardent éblouit le sorcier qui recula d'un bond. Secouant ses plumes, il s'adressa à l'armée terrifiée de Kostchei en ces termes :

– Je le sais, vous n'avez qu'une envie, c'est de fêter la perte du prince Ivan. Eh bien fêtez-la et dansez ! Je vous le dis, chacun de vous dansera jusqu'à épuisement. Et maintenant, que la danse commence !

Kostchei était complètement réduit à l'impuissance. Ne savez-vous pas, mes enfants, que la glace la plus dure ne peut résister à la chaleur tout comme le mal ne peut en fin de compte résister au bien ? Lorsque les forces du bien s'embrasent, alors les forces du mal reculent pour disparaître à tout jamais.

L'horrible horde se mit donc à danser sans plus pouvoir s'arrêter. Jambes et bras tournoyèrent, tourbillonnèrent, virevoltèrent, vite, vite, de plus en plus vite, jusqu'à ce que les danseurs exténués, incapables de tenir plus longtemps debout, s'effondrent.

– Vous avez dansé jusqu'à épuisement, déclara l'Oiseau de feu. Eh bien, dormez maintenant !

Il agita ses splendides ailes d'or qui firent le bruissement apaisant d'une berceuse et, bientôt, tous dormaient d'un profond sommeil. Tous, sauf bien entendu le prince Ivan et le méchant Kostchei.

– Je suis immortel ! criait le sorcier. Vous pouvez peut-être vaincre mon armée par votre magie, mais sur moi, vous n'avez aucune prise.

L'Oiseau de feu se mit à rire.

– Prince Ivan, agissez maintenant, et vite ! Allez chercher l'œuf qui renferme l'âme de ce misérable enchanteur, extrayez-le de sa

cachette, vous voyez, là-bas, dans le creux sombre de cet arbre, et brisez-le en mille morceaux.

– Oh, non, non ! hurlait Kostchei dont les pans de la longue cape noire claquaient comme des ailes. Non. Pas mon âme... Laissez-moi mon âme. Si l'œuf se brise, je mourrai !

Trop tard ! Le prince Ivan avait déjà trouvé l'œuf incrusté de rubis et de pierres de lune. Il le jeta à terre de toutes ses forces. Lorsque l'œuf se brisa, l'immensité des cieux fut ébranlée par le fracas du tonnerre qui semblait se confondre avec les rugissements du sorcier à l'agonie. Puis un profond silence tomba et d'épaisses ténèbres enveloppèrent la terre, jusqu'à ce qu'une pâle lueur dorée commence à poindre à l'horizon. L'aube se levait. Dans sa stupéfaction, le prince Ivan secouait la tête. Où étaient donc passées les créatures qui composaient la monstrueuse armée de Kostchei ? Qu'étaient devenues la princesse Tsarevna et ses suivantes ? La forêt, le verger, le mur, la haute grille, tout avait disparu, et il ne restait pas trace de l'Oiseau de feu, pas même une seule plume.

Le prince Ivan se trouvait à présent dans la grande salle d'un château. Des courtisans et d'élégantes dames l'entouraient. Des trompettes retentirent, et un long cortège, pareil à celui que le prince avait surpris dans le jardin enchanté, pénétra dans la vaste pièce : c'était Tsarevna, escortée de ses douze compagnes. Tandis que le prince Ivan prenait la main de sa bien-aimée, l'un des courtisans déclara :

– Vous nous avez délivrés à jamais de l'enchantement du prince des ténèbres.

Soyez donc notre roi, Ivan, et que Tsarevna soit notre reine !

C'est ainsi qu'un nouveau tsar et une nouvelle tsarine montèrent sur le trône de Russie et que les forces du mal furent bannies du royaume. Le prince Ivan n'oublia jamais ce qu'il devait à l'Oiseau de feu. Voilà pourquoi, mes enfants, chaque hiver, quand les jours raccourcissent et que les nuits s'allongent, nous passons tant d'heures à regarder les flammes bondir et danser. Peut-être espérons-nous en secret voir scintiller au fond de l'âtre les ailes d'or fauve du bel oiseau et même, avec un peu de chance, l'apercevoir, ne serait-ce qu'une petite seconde, dans toute sa puissance et sa beauté.

Dans les coulisses

Giselle

Giselle, ballet fantastique en deux actes, fut donné pour la première fois en 1841 à l'Opéra de Paris. La chorégraphie était de Jean Coralli et de Jules Perrot, et la musique d'Adolphe Adam. C'est par amour pour une ballerine, l'Italienne Carlotta Grisi, que le poète Théophile Gautier imagina l'argument de ce ballet d'après une ballade du poète allemand Heinrich Heine. Le rôle de Giselle, un des plus beaux qui soient, fit rêver et continue à faire rêver des générations entières de jeunes danseuses tout au long de leurs difficiles années d'apprentissage.

L'exigente discipline du ballet

De tous les arts, le ballet est probablement le plus exigeant. Il n'est pas donné à tout le monde de posséder le physique approprié, l'énergie et le tempérament que demande la formation de danseur. Pour s'engager dans cette voie, il faut avoir une véritable passion pour le ballet classique et la discipline de fer qu'il exige.

Dès leur plus jeune âge, danseurs et danseuses doivent se consacrer sans relâche à leur entraînement. Les plus grandes étoiles sont tenues, elles aussi, de travailler chaque jour à la barre afin de garder leur force et leur souplesse. Les exercices d'échauffement et d'étirements en particulier réduisent de beaucoup les risques de blessure.

Les fameuses cinq positions, base de la technique classique, ainsi que nombre de pas (glissé, coupé, chassé, jeté, assemblé, etc.), de figures (sauts, tours, attitudes et arabesques…) et d'exercices, ont été nommés et codifiés par un Français au XVIIe siècle. C'est pourquoi, aujourd'hui encore, les mots français de la danse sont en vigueur dans tous les pays du monde.

Nombre de grands danseurs terminent leur carrière comme professeurs ou pédagogues. Ils transmettent ainsi des techniques de pas et des styles qui, autrement, disparaîtraient. C'est pourquoi les danseurs d'aujourd'hui sont les héritiers d'une longue tradition de rigueur, de précision et de beauté.

Coppélia

Le ballet *Coppélia* fut créé en 1870 à l'Opéra de Paris sur une musique de Léo Delibes. Son argument s'inspirait de *L'Homme au sable*, conte de E.T.A. Hoffmann, qui est également l'auteur de la nouvelle : *Casse-Noisette et le Roi des rats*. Arthur Saint-Léon en régla la chorégraphie.

Comme le théâtre, l'opéra et le cinéma, la danse est une forme d'art exigeant la participation de nombreuses personnes : compositeurs, musiciens, décorateurs, costumiers, machinistes et, bien entendu, danseurs…

Cependant, à l'instar du cinéma, elle doit en grande partie sa popularité à ses stars. Tout le monde connaît les noms d'Anna Pavlova et Vaslav Nijinski, Rudolf Noureïev et Margot Fonteyn. Ces danseurs du temps passé sont beaucoup plus que des danseurs ; ce sont des danseurs étoiles, bref, des stars.

Les danseurs étoiles

Il arrive qu'un maître de ballet ou un chorégraphe confie à un danseur ou une danseuse très jeune, encore au tout début de sa carrière, le rôle-titre d'un ballet. C'est le cas de Sylvie Guillem. À l'âge de dix-sept ans à peine, elle a été choisie par Rudolf Noureïev, alors directeur artistique de l'Opéra de Paris, pour être Cendrillon. Quant à Alicia Markova, une des danseuses étoiles les plus précoces qui aient jamais existé, elle n'avait que quatorze ans lorsqu'elle est entrée dans la troupe de Diaghilev en 1925. La même année, elle paraissait sur scène dans le rôle d'Odette, la princesse du *Lac des cygnes*.

Personne ne sait exactement comment on devient une étoile. Ce n'est pas seulement une affaire de grâce et de beauté, ni de technique, ni même de présence scénique ; c'est beaucoup plus que tout cela. Il s'agit en quelque sorte d'incarner la magie du ballet.

Le Lac des cygnes

Créé à Moscou en 1877 sur une musique de Tchaïkovski, *Le Lac des cygnes* fut d'abord un échec. Toutefois, en 1894, après la mort du compositeur, il trouva un nouveau souffle avec la chorégraphie de Marius Petipa et rencontra, cette fois, un vif succès. Aujourd'hui, c'est probablement le ballet le plus célèbre.

La magie de la scène

À l'occasion de leurs tournées, les ballets classiques peuvent être montés dans toutes sortes de lieux : dans les grandes salles des écoles, sous des chapiteaux, etc. Mais la plupart des compagnies de ballet sont hébergées dans de magnifiques théâtres qui datent en général du XIXe siècle.

L'Opéra de Paris, au cœur de la ville, est un édifice splendide. À l'intérieur, colonnes de marbre et escaliers majestueux, ors éclatants et velours cramoisis, lumières étincelantes, tout contribue à créer l'atmosphère de merveilleux que l'on ne peut s'empêcher d'associer au ballet. Le théâtre Mariinski (appelé aussi le Kirov) à Saint-Pétersbourg, le Bolchoï à Moscou et le théâtre de Covent Garden à

Londres sont tout aussi éblouissants avec leurs rideaux de velours, leurs lustres et leurs loges capitonnées de peluche.

Aucune règle n'oblige le spectateur à mettre une tenue de soirée pour assister à un spectacle de danse classique, mais la somptuosité du décor l'y invite. S'habiller fait partie du plaisir d'aller à l'opéra.

Les décors et les costumes, les éclairages, le drame qui se joue sous nos yeux, la musique, tout est important, tout participe à la magie de la scène, royaume féerique où nous pénétrons dès que les lumières de la salle s'éteignent et que l'orchestre joue les premières mesures.

La Belle au bois dormant

La Belle au bois dormant, ballet-féerie chorégraphié par Marius Petipa sur une musique de Tchaïkovski, fut créé en 1890 à Saint-Pétersbourg. L'argument de ce ballet s'inspirait d'un conte traditionnel très ancien dont Charles Perrault donna la première version écrite en 1697.

Le rôle du chorégraphe

Le Lac des cygnes et *La Bayadère* sont également des créations de Marius Petipa, le plus illustre chorégraphe du Ballet impérial russe. Il a aussi travaillé en étroite collaboration avec Tchaïkovski pour *Casse-Noisette* jusqu'à ce que la maladie le contraigne à confier la chorégraphie de ce ballet à Lev Ivanov.

Outre Marius Petipa, on peut citer parmi les plus illustres chorégraphes Vaslav Nijinski et Michel Fokine dont on peut toujours admirer les créations, car ils ont transmis leurs idées à des danseurs devenus à leur tour chorégraphes. Même si ces derniers s'attachent à moderniser les œuvres célèbres avec quelques changements et détails de leur invention, les ballets actuels ne diffèrent guère de ceux du siècle dernier.

C'est le chorégraphe, autrement dit le créateur de ballet, qui décide des pas, des variations et des séquences dansées – à deux, à trois ou à plusieurs, et de leur enchaînement sur la scène. Responsable des mouvements d'ensemble du corps de ballet, il veille sur les menus détails, allant parfois jusqu'à régler chacun des gestes des danseurs.

S'il repère chez une ballerine des dons et des aptitudes qu'il souhaite développer ou mettre en valeur, il arrive qu'il crée un ballet tout entier autour d'elle.

La chorégraphie prolonge la musique qu'elle rend visible en quelque sorte et dont elle manifeste l'âme. Aux yeux du spectateur, les motifs complexes et toujours nouveaux que dessine la troupe au fur et à mesure de son évolution sur la scène – motifs savamment agencés par le chorégraphe – semblent émaner comme par magie de la musique elle-même.

Casse-Noisette

Le ballet *Casse-Noisette* fut créé en 1892 au théâtre Mariinski de Saint-Pétersbourg d'après une version édulcorée du conte de E.T.A. Hoffmann. Tchaïkovski en composa la musique (ce fut là sa dernière grande partition pour ballet). Quant à la chorégraphie, elle fut réglée, nous l'avons vu, par Marius Petipa, puis par Lev Ivanov.

Le rôle de la musique

On peut danser sur n'importe quelle musique, pourvu que son rythme soit précis et bien marqué. Il y a toujours eu des chorégraphies réglées sur des musiques ni classiques, comme le jazz et le rock and roll, ni écrites spécialement pour un ballet. Parfois, c'est le compositeur qui tente de donner une expression musicale à une histoire ou à une simple scène que le chorégraphe a imaginée. Tchaïkovski excellait dans ce genre d'exercice ; Stra-

vinski également à qui l'on doit la partition de *L'Oiseau de feu*. Citons encore Prokofiev dont le célèbre *Roméo et Juliette* est toujours présenté par les grandes compagnies de danse.

La musique de ballet, comme la musique de film, doit créer une certaine atmosphère (celle du drame, de la comédie légère, de la féerie, etc.) qui mette le spectateur en condition.

La musique ne joue certes pas ici un simple rôle d'accompagnement de la danse ; elle nous ensorcelle dès les premières mesures, avant même le lever du rideau ; elle est à la source même de la magie du ballet.

L'Oiseau de feu

L'Oiseau de feu fut créé en 1910 par Serge de Diaghilev, lors de la deuxième saison des Ballets russes à Paris. L'argument du ballet s'inspirait d'une vieille légende russe. La chorégraphie était de Fokine, et la musique de Stravinski, qui signait là sa première partition pour ballet. Golovine en avait dessiné les décors et les costumes (à l'exception des costumes de la Tsarevna et de l'Oiseau de feu, qui étaient l'œuvre de Bakst).

Décors et costumes

L'impact d'un ballet dépend beaucoup des décorateurs et des costumiers. Certes, les chorégraphies de style moderne peuvent prendre place sur des scènes nues où évoluent des danseurs en maillots académiques, mais les ballets romantiques et certaines œuvres comme *L'Oiseau de feu* reposent en grande partie sur les décorateurs et les costumiers. Le spectateur serait déçu si le lac du *Lac des cygnes* n'était pas d'une féerique beauté au clair de lune et si les Wilis de *Giselle* ne portaient pas des robes de tulle vaporeux évoquant aussi bien les brumes du marais que leur essence volatile de fantôme. Cette fluidité, cette diaphane légèreté des tissus, que l'on retrouve souvent dans les costumes féminins de l'opéra, a, en outre, l'avantage de laisser la plus grande liberté de mouvement possible.

Toutes les ballerines doivent apprendre à coudre. Il faut qu'elles soient capables de faire une réparation urgente ou de fixer les rubans à leurs chaussons. Comme les pointes sont en satin délicat, elles s'usent très vite. Une première danseuse peut en utiliser jusqu'à trois ou quatre paires par soirée.

Quelques ballets donnent l'occasion aux décorateurs d'essayer toutes sortes d'effets spéciaux. Beaucoup d'artistes célèbres comme Picasso et Hockney ont créé des décors de ballet. Ceux de Bakst pour *Schéhérazade* en 1910 ont fait sensation, parce qu'il avait utilisé avec une audace encore jamais vue un mélange explosif de couleurs.

Chaque fois qu'on assiste à un ballet, le monde quotidien disparaît pour laisser place à un royaume enchanté où les héros d'étranges et belles histoires vous emportent d'un bond dans un tourbillon sans fin. L'illusion est complète – jusqu'à ce que les rideaux de velours se ferment et que la musique se taise.

Adèle Geras est née à Jérusalem en 1944. Elle a eu une enfance très cosmopolite car son père travaillait dans l'administration coloniale. Elle a ainsi vécu à Chypre, au Nigéria, à Bornéo et plus tard en Gambie et en Tanzanie. Pensionnaire en Angleterre, la jeune fille rejoignait alors ses parents pour les vacances d'été. Elle a suivi des études de français et d'espagnol à Oxford puis s'est tournée ensuite vers le chant et le théâtre tout en enseignant le français. En 1976, elle décida de se consacrer à l'écriture. Depuis, elle a publié près d'une centaine de livres pour enfants et adolescents avant de se lancer plus récemment dans l'écriture pour adultes. Adèle Geras habite depuis une quarantaine d'années à Manchester avec son mari.

Emma Chichester-Clark, née à Londres en 1955, a vécu en Irlande jusqu'en 1975. Elle a suivi les cours de l'école des beaux-arts de Chelsea puis ceux du Royal College of Art où elle était l'élève de Quentin Blake. Devenue illustratrice, elle a travaillé pour des magazines (*Cosmopolitan*, *The Sunday Times*) et a créé de nombreuses couvertures de livres avant d'écrire et illustrer ses propres albums aux couleurs chaudes et colorées. Son travail a été récompensé par plusieurs prix dont le « Mother Goose Award ». Elle a également reçu le prix « Chronos » en 2004 avec *Molly au paradis* (Folio Benjamin).
Dans la collection Folio Cadet, elle a déjà illustré les couvertures de *Avril et la Poison, Avril est en danger, Avril prend la mer*, d'Henrietta Branford.
Emma Chichester Clark vit actuellement à Londres.